Francesco Cossiga
con Marco Demarco

La versione di K

Sessant'anni di controstoria

Rai Eri Rizzoli

ISBN 978-88-17-03592-7

Prima edizione: ottobre 2009
Seconda edizione: ottobre 2009

Impaginazione: PEPE *nymi - Milano*

Questo libro è stato realizzato in collaborazione con RaiEri.

La versione di K

Sessant'anni di controstoria

1

L'Italia dei misteri

«Tutto iniziò»: non è così che cominciano le storie? Ebbene, nel nostro caso tutto iniziò con un viaggio. Era il 1947.

La storia dell'Italia post-bellica che sto per raccontarvi comincia, appunto, nella notte del 4 gennaio, quando Alcide De Gasperi, presidente del Consiglio dei ministri, si imbarca su un aereo e vola verso gli Stati Uniti.

Un viaggio diplomatico che segna una svolta, un confine tra un «prima» e un «dopo». Ma che, secondo molti, sarebbe anche all'origine di una storia nazionale di sovranità limitata, di misteri, di verità non rivelate, di poteri forti o occulti che hanno tramato contro lo Stato e nello Stato.

Norberto Bobbio una volta ha scritto che «veri o finti, reali o inventati, i complotti che appaiono sulla nostra scena quotidiana sono comunque la rivelazione di una democrazia malsana».

Io non sono di questo avviso. Penso, anzi, che si potrebbe dire il contrario, perché la nostra è anche, e soprattutto, la storia di una «invincibile stabilità». Nel senso, intendo dire, che nonostante tutto, nonostante le stragi, nonostante le mafia e nonostante il terrorismo nazionale e internazionale, questo Paese è sempre riuscito a evitare che la sua democrazia, per quanto «malsana», come diceva Bobbio, si ammalasse del tutto e irreversibilmente. Ciò è avvenuto malgrado fossimo pericolosamente esposti, al confine dei due blocchi in cui era diviso il mondo, e in un contesto mediterraneo a elevata tensione sociale e altissima intensità autoritaria.

Si è scritto che «non esiste Paese al mondo che abbia più misteri dell'Italia». Non senza un velo di ironia, Filippo Ceccarelli sulla «Repubblica» ha anche provato a stenderne un elenco: dalla lista, mai trovata, degli spioni dell'Ovra a quella degli «enucleandi», di coloro, cioè, da internare in caso di golpe; dai nomi rimasti ignoti dei cinquecento eccellenti rimborsati *in extremis* dal banchiere Sindona prima del crack al vero elenco degli iscritti alla loggia P2, quella di Gelli. E poi: non mancano all'appello le quattro valigie di pelle verde di Togliatti? E quelle di Moro? E la borsa di Calvi, il banchiere ritrovato impiccato sotto un ponte di Londra, non fu esibita in tv, ma parzialmente svuotata?

E ancora, mischiando pubblico e privato e affondando e risalendo nel tempo: cosa si nasconde dietro il delitto del 1953 di Wilma Montesi? E quali avvisaglie, undici anni più tardi, fecero a tal punto preoccupare Nenni da indurlo a dichiarare che sentiva «tintinnar di sciabole»? E come ha fatto i soldi Silvio Berlusconi? Chi è davvero Noemi Letizia, la minorenne che frequentava le ville del Cavaliere? Dove si sino conosciuti?

Misteri. Intrighi. Veleni. Malevolenze. Reticenze. Depistaggi. Un viluppo di realtà e immaginazione all'interno del quale è quasi impossibile districarsi.

Non risponderò subito a tutte queste domande, perché, nel tentativo di capire che cosa è successo in Italia in questi anni, altre ne porrò io stesso, e poi non è detto che io abbia una spiegazione plausibile per ogni singolo episodio, per ogni tassello di questa storia così complessa. Ma qualcosa voglio dire quasi in premessa.

Anche se talvolta misteri inestricabili si sono addensati in alcuni passaggi della vicenda italiana, la mia impressione è che ormai nessuno creda più alle cose semplici, alla realtà così com'è, come essa si manifesta.

E dunque c'è sempre una seconda verità da ricercare, non essendo mai la prima sufficiente. Non credo che sia in principio sbagliato cercare altre verità, e non posso certo dirlo io che ancora non ho smesso di scavare, chiedere, provocare. Ma aspirare qui, ora e sempre alla quadratura del cerchio fa sì che spesso ombre riottose, alimentate dall'incredulità e dalle suggestioni, sfidino le leggi della percezione e affollino impazzite la scena fino a oscurarla del tutto. Da qui il gorgo del sospetto nel quale talvolta si scivola inesorabilmente. Quante persone restano attaccate a una teoria della congiura o del sospetto anche quando la sua infondatezza è stata dimostrata?

L'Ovra, per esempio. Ma chi sa che la tanto temuta organizzazione spionistica di Mussolini non è mai esistita? Negli anni del Fascismo c'era il servizio investigativo politico dipendente dai prefetti e dai questori, quello che nel film *Una giornata particolare* costringe Marcello Mastroianni al confino perché accusato di omosessualità. Ma non l'Ovra. L'Ovra, ossia l'acronimo di «Organizzazione volontari repressione antifascista», era null'altro che un'invenzione grafica di Mussolini, il quale un giorno prese carta e penna e abbozzò quella sigla. Ovra suonava quasi come piovra, era un nome a effetto, terrorizzante, evocava tentacoli, abissi minacciosi. Rimase impresso perché suggestionava. Quel foglio scritto dal Duce l'ho poi trovato io al Viminale e mi sono preoccupato di farlo conservare. Sugli uomini dell'Ovra se ne sono raccontate di tutti i colori. Io so per certo, però, che Sandro Pertini, proprio lui, uno dei più fieri militanti antifascisti che l'Italia abbia avuto, quando parlava delle spie di Mussolini lo faceva, il più delle volte, descrivendoli come uomini colti e cortesi.

E il caso Montesi? Se ne torna a parlare ogni qualvolta sesso e politica si intrecciano per alimentare cronache e leggende. E sempre lo si rispolvera nella convinzione che molto altro ci sarebbe da rivelare. Come se non fosse sufficiente sapere che le notizie su quella bella ragazza, amica del figlio di Attilio Piccioni, trovata morta sulla spiaggia di Ostia nella primavera del 1953, furono utilizzate per stroncare la carriera politica del noto dirigente Dc. Fanfani, è risaputo, ne approfittò per sbarazzarsi della destra democristiana, ma si ammetterà che da qui a sospettare che fu addirittura l'ideatore del complotto ce ne corre.

Il «tintinnar di sciabole», poi. Fu un vero colpo di Stato quello tentato dal generale dei Carabinieri Giovanni De Lorenzo? Gli storici sono ancora divisi e io ricordo che fuori dal Palazzo nessuno si accorse di nulla.

Anche sulle stragi che a più riprese hanno insanguinato le piazze e le stazioni dell'Italia repubblicana, quante prime verità abbiamo scartato? E quante seconde verità stiamo ancora cercando? Eppure, ormai sappiamo quasi tutto di tutto. Ma non ci basta mai. Il dato accertato, anche quello processuale, non è mai appagante, forse perché quasi mai coincide con ciò che la fantasia aveva prefigurato.

So di sfiorare un tasto delicato, ma forse l'unica strage di cui sappiamo davvero troppo poco è quella che provocò otto morti e tanti feriti in Piazza della Loggia a Brescia, il 28 maggio del 1974, durante una manifestazione sindacale. Al processo in Corte d'Assise nella stessa Brescia, nato dalla quinta istruttoria del giudice Giampaolo Zorzi, tra gli imputati ora c'è anche l'anziano Pino Rauti che, oltre a essere uno di fondatori del Msi, è il suocero dell'attuale sindaco di Roma Gianni Alemanno.

Si dice che il bilancio delle condanne definitive per le sei stragi più gravi che dal 1969 al 1984 hanno terrorizzato il Paese sia eccessivamente esiguo. Si dice, in altre parole, che sia ben poca cosa aver mandato in galera un anarchico individualista come Gianfranco Bertoli, tre neofascisti come Valerio «Giusva» Fioravanti, Francesca Mambro e Luigi Ciavardini e un mafioso come Pippo Calò, noto per essere il cassiere delle cosche. Cinque supercondanne a fronte di centoquarantadue morti, centinaia di feriti e altrettante famiglie distrutte dal dolore. Troppo poco. Giusto. Ma mi chiedo come si possa pensare, a distanza di anni e in un mondo che non è più, come quello di una volta, diviso da muri e cortine di ferro, di ricomporre nei minimi dettagli un «puzzle» che il tempo e la storia hanno violentemente e irrimediabilmente mandato all'aria.

Ci si accanisce sulla strage di Bologna, si chiedono a gran voce giustizia e verità. Capisco. Come potrei non capire il vuoto e la disperazione prodotto da quell'esplosione del 2 agosto 1980? Ottantacinque morti, oltre duecento feriti: un bilancio insopportabile. Ma perché non credere a Giusva Fioravanti e Francesca Mambro, che si dicono innocenti per quello che è successo a Bologna pur dichiarandosi responsabili di altri atti criminali?

Su Bologna, la mia l'ho detta e la ripeto. Per me fu un incidente, un drammatico incidente di percorso: fu, con molta probabilità, una bomba trasportata da terroristi palestinesi che non doveva essere innescata in quell'occasione e che invece, chissà perché, per un sobbalzo, una minaccia, un imprevisto, scoppiò proprio in quel momento.

La mia, sia chiaro, non è una certezza, ma soltanto una supposizione. Avvalorata, però, da quanto ho letto non molto tempo fa in un'intervista a un alto dirigente del Fronte di liberazione palestinese. Il quale si lasciò scappare, ma ci ritorneremo, di un accordo tra autorità palestinese e Stato italiano. Un accordo che permetteva ai membri della prima di circolare relativamente senza controlli sul nostro territorio e a noi di sentirci al sicuro rispetto al diffondersi di terrorismo mediorientale. Un accenno a questo accordo lo fece anche Moro nelle sue lettere dal carcere brigatista. E di «lodo Moro» si è poi più volte parlato a proposito di rapporti con i palestinesi.

Di questi misteri, e del mistero creatosi intorno a misteri che tali non sono, parlerò nei capitoli che seguono, portando il contributo delle mie deduzioni e, dove è possibile, anche quello delle mie esperienze personali.

2

Il viaggio di De Gasperi

Alcide De Gasperi accettò l'invito del Congresso Usa perché convinto di poter rompere l'isolamento in cui il nostro Paese era precipitato dopo la Seconda guerra mondiale. S'imbarcò su un quadrimotore *Skymaster* con la figlia Maria Romana, che gli faceva da segretaria e che poi ha raccolto le sue memorie in un libro. Con loro c'era anche Donato Menichella, Governatore della Banca d'Italia, la cui stazza aveva colpito il presidente del Consiglio. «Papà, a cosa stai pensando?» gli chiede la figlia vedendolo assorto durante il volo. E lui, scherzando: «A come farà Menichella ad allacciarsi la cintura di sicurezza».

In realtà, De Gasperi aveva di che pensare. Alberto Tarchiani, nostro ambasciatore a Washington, si era occupato di curare tutti i dettagli della trasferta: il capo del governo italiano avrebbe partecipato a un «forum» organizzato dal Council of World Affairs a Cleveland, sul tema «Che cosa si aspetta il mondo dagli Stati Uniti», ma prima, ed era questa la ragione reale del viaggio, avrebbe incontrato il segretario di Stato Byrnes, il ministro del Tesoro Snyder e, naturalmente, il presidente Truman. Ricordo bene quei giorni, avevo diciannove anni. De Gasperi tornò con un credito di cento milioni di dollari. Ma non solo. Portò con sé anche un nuovo progetto politico.

Dal punto di vista interno, la storia dell'Italia del dopoguerra è intimamente legata alla storia della Dc e del Pci, i due partiti di massa che come grandi navi hanno attraversato i mari del nostro Novecento. Dal punto di vista esterno, invece, essa è espressione diretta dei nostri rapporti con gli Stati Uniti d'America. Rapporti che si sono sviluppati in un mondo uscito da una guerra guerreggiata, terminata con la sconfitta delle forze armate germaniche, le quali si arresero, a Ovest, agli americani, ai britannici del Commonwealth britannico e ai francesi della Francia libera, tra loro alleati; e, a Est, alle armate sovietiche.

Ma la nostra storia è legata anche alla prosecuzione della guerra, vale a dire a un'altra guerra, combattuta con mezzi diversi da quella appena finita, che non a caso è stata chiamata Guerra Fredda.

In questo scenario, il rapporto tra l'Italia e gli Stati Uniti è risultato determinante, perché così ha voluto la Democrazia cristiana. Anzi, così ha voluto Alcide De Gasperi, che non solo era il leader di quel partito, ma è stato per anni, quasi fino ai nostri giorni, la guida dell'Italia, colui che più di ogni altro ha segnato la nostra politica estera. De Gasperi capì per primo che il rapporto con gli Stati Uniti sarebbe stato fondamentale per il nostro Paese.

Dei leader italiani, soltanto due avevano un respiro internazionale. Uno era Alcide De Gasperi, appunto, l'altro Palmiro Togliatti, segretario del Partito comunista. Due uomini molto diversi tra loro. Alcide De Gasperi proveniva da un ambiente culturale e politico molto particolare, quello austriaco. Era figlio di un ispettore di Polizia, ma anche, dal punto di vista ideale e comportamentale, del grande Impero Austroungarico. Il che gli consentiva di avere un punto di vista ben più ampio del nostro, che invece risentiva ancora del clima e degli umori dell'«Italietta» dei tempi giolittiani.

Anche Palmiro Togliatti godeva di un punto di vista privilegiato. In quanto comunista, aveva dovuto lasciare l'Italia e, come rappresentante del Pci nel Comintern, ne era diventato uno dei massimi dirigenti. Il suo ruolo nell'Internazionale comunista gli consentiva di guardare il mondo non solo da Mosca, vale a dire dal grande impero che Stalin aveva ricostruito sopra le ceneri di quello zarista: un impero, per intenderci, che non aveva confini etnici o religiosi, di lingua o di razza; ma, anche, di guardarlo dal gradino più alto di un'organizzazione internazionale che di fatto rappresentava una realtà ancora più grande e che ancor di più prescindeva da ogni limite geografico. Non a caso si parla dell'imperialismo dell'Unione Sovietica. Tuttavia, una distinzione va fatta. Se lasciamo stare le velleità di qualche capo militare che pensava di rivivere sotto le bandiere rosse l'esperienza dell'imperialismo zarista, vediamo che, in realtà, di ben altro si trattava, perché l'imperialismo sovietico non solo era il risultato di un potere sterminato, ma era anche uno strumento per sorreggere la causa ideologica e ideale, la causa universale, del Partito comunista.

Alcide De Gasperi comprende che, per una serie di ragioni molto semplici, l'asse della politica estera e interna italiana non poteva che essere la nostra alleanza con gli Stati Uniti. Perché? Perché noi eravamo il Paese in cui c'era il Partito comunista più grande d'Occidente: prima dello sganciamento della Jugoslavia dal blocco orientale, infatti, eravamo il Paese di confine. E poi, perché gli Stati Uniti erano assai poco ideologizzati: tanto è vero che, nonostante tutto, nonostante la guerra, nonostante il Fascismo, gli americani non ci avvertivano affatto come nemici, o come una comunità uscita sconfitta dalla Seconda guerra mondiale.

Nel creare il suo rapporto con gli Stati Uniti, Alcide De Gasperi non trovò una strada piana né tantomeno in discesa. A quel tempo era ancora viva in Italia, e si vedeva, l'azione militare dei britannici e degli americani contro il nostro Paese: le città distrutte, gli sfollati, i mezzi di comunicazione sconvolti, le fabbriche bloccate. E non è che gli italiani avessero chiaro, davanti a loro, il quadro reale delle cose. Anche dopo l'8 settembre, quando si fa riferimento ai fascisti e agli antifascisti, alla parte più consapevole d'Italia, intendo dire, bisogna ben tener presente che sempre di due minoranze stiamo parlando. Una minoranza erano, al Nord, i fascisti che combattevano con i germanici della Repubblica sociale italiana, e una minoranza erano, a ben vedere, anche gli antifascisti. Col tempo, si sa, sono diventati tutti antifascisti, ma in realtà l'impegno politico ha caratterizzato sempre e solo una minoranza.

L'Italia era pure un Paese cattolico. E quando dico cattolico alludo a un cattolicesimo popolare, definizione che uso senza alcun riferimento ideologico-politico. Semplicemente, penso al cattolicesimo più sentito, più diffuso, più a fior di pelle. Proprio questo tipo di cattolicesimo è stato per lungo tempo antiamericano, perché l'America era l'America dei protestanti, l'America degli ebrei, l'America del Ku Klux Klan. Che combatteva ebrei e cattolici e negri. Era l'America delle libertà democratiche che fino a Pio IX, fino a Pio X, non era un'idea molto conforme al pensiero sociale e politico della Santa Sede. E i cattolici italiani sono, fra tutti i cattolici del mondo, quelli che sempre meno si sono allontanati dagli indirizzi di politica temporale del Vaticano.

Se si escludono alcune personalità elette come Gioberti, Cesare Balbo, Cavour, Capponi, Rosmini, Manzoni o Tommaseo, salta subito agli occhi l'eccessivo conformismo del nostro panorama politico culturale. E si vede quanto poco marcata sia stata la differenza tra la verità di fede e gli indirizzi della segreteria di Stato del Vaticano. De Gasperi costituiva un'eccezione. E lo era anche per i motivi cui accennavo prima: De Gasperi il «trentino», De Gasperi l'«austriaco»: ecco come veniva chiamato, e spesso con malcelato disprezzo.

Perché De Gasperi fece la scelta americana, prima ancora che la scelta europea e la scelta dell'Alleanza Atlantica? Per due motivi, io credo. Per un dato pratico e per una ragione strategica. Il primo è presto detto: fra l'altro, io ho un'età abbastanza veneranda per ricordare alcuni particolari di vita vissuta. A quel tempo, l'America era l'unica nazione che poteva aiutare gli italiani a mangiare, a mangiare nel senso reale del termine; a mangiare carne, legumi, cioccolata. D'altro canto, ed è questa la ragione strategica, quello era l'unico Paese che dal punto di vista economico e strutturale poteva davvero aiutare l'Italia ad avviare un'immane opera di ricostruzione. Erano i giorni in cui il generale a cinque stelle George Marshall, grande militare, ma anche grande politico, stava per lanciare il famoso piano economico per la ricostruzione dell'Europa occidentale. Il piano Marshall, appunto: circa 17 milioni di dollari da investire in quattro anni. De

Gasperi non voleva perdere quel treno: era il primo che passava e sapeva bene che un altro così carico non si sarebbe visto per chissà quanto tempo. Quel piano fu anche una delle cause dell'adesione della Cecoslovacchia all'alleanza dell'Est. In un primo momento, infatti, il governo comunista aveva aderito all'iniziativa americana, ma poi l'Unione Sovietica, che comprendeva come quel piano sarebbe servito anche a creare un bastione contro il comunismo, costrinse Praga a ritirarsi.

Tutto iniziò, dunque, con quel famoso viaggio che, nonostante l'assenza di clamore, destò non poca impressione. «Il viaggio in America ha cambiato De Gasperi più di quanto non credessi» annota Nenni nel suo diario.

Il governo che reggeva allora il nostro Paese era un cosiddetto governo del Cln, cioè dei partiti antifascisti che avevano dato luogo ai Comitati di Liberazione Nazionale. Particolare curioso: questi comitati di liberazione erano sorti non solo nell'Italia occupata, ma anche in quella che occupata non lo fu mai. La Sardegna, ad esempio, conobbe solo pochi combattimenti tra gli italiani e i tedeschi, che poi si ritirarono. Ebbene, mio padre era antifascista ed era presidente del Comitato di Liberazione

Nazionale di Sassari. A Sassari gli unici scontri che si ebbero furono fra le truppe regie e i tedeschi in fuga: niente Resistenza, niente guerra partigiana. Quella del Comitato di Liberazione Nazionale era, in realtà, una formula politica. Una formula sulla quale si discusse a lungo, perché il Partito comunista e anche il Partito socialista dell'epoca avrebbero voluto che diventasse un modello di governo permanente. Tanto è vero che la Costituzione, a leggerla bene, risente molto di questa formula. La nostra Costituzione è fatta sul modello del Cln: il presidente del Consiglio dei ministri, tanto per fare un esempio, non può proporre la revoca dei ministri, e questo è un caso unico al mondo. Ciò è avvenuto perché doveva vigere il principio del *simul stabunt aut simul cadent.*

Uno dei primi gesti compiuti da De Gasperi è dunque di quelli destinati a segnare la nostra storia nazionale: fa «saltare» il governo del Cln e mette fuori dalla porta i comunisti. Lo fa perché glielo hanno chiesto gli americani? Oppure non glielo hanno ufficialmente chiesto, ma glielo hanno fatto capire? Del resto, che cosa intendeva il senatore Arthur Vandenberg, presidente della commissione Esteri, quando lo incontrò negli Usa? Gli disse: «Caro De

Gasperi, noi siamo disponibilissimi a sostenerla, ma chi ci garantisce che domani al governo ci sarà ancora lei? Sa, non vorremmo sprecare le nostre risorse aiutando tendenze contrarie ai nostri principi».

Quello degasperiano fu dunque un gesto eterodiretto? È un problema di cui si è discusso e si discuterà ancora. Sta di fatto però che De Gasperi comprese che, se si faceva la scelta dell'Occidente, bisognava fare la scelta americana; e che la scelta americana era incompatibile con l'idea di tenere in piedi un governo dove ci fossero i comunisti. A lui interessava l'alleanza particolare con gli Stati Uniti, non altro. Gli interessava, come abbiamo visto, sia per dare da mangiare agli italiani, sia per far entrare l'Italia nel circuito del piano Marshall. Ma gli interessava anche per cancellare dalla memoria l'umiliante accordo di pace di Parigi. Quello del 1947, quando, dopo la fine della Seconda guerra mondiale, noi italiani ci sedemmo al tavolo delle trattative dalla parte degli sconfitti. De Gasperi andò a Parigi e pronunciò parole indimenticabili. «Signori,» disse «so che tutto mi è ostile qui dentro, salvo la vostra personale cortesia.» Quando cessò di parlare, nessuno lo applaudì tranne il segretario di Stato americano. Nessuno gli strinse la mano se non il segretario di Stato americano. Fu allora che Alcide De Gasperi capì quanto libera fosse quella degli americani rispetto a ogni altra visione preconcetta. Gli Stati Uniti erano i meno nemici dei nostri nemici e lo erano anche per la massiccia presenza, in quel Paese, di una emigrazione generale e politica antifascista italiana. Ebbe ragione. Gli Stati Uniti sarebbero stati i più disposti a dimenticare il Fascismo e la nostra partecipazione alla guerra accanto ai nazisti.

Il primo effetto del viaggio di De Gasperi negli Stati Uniti fu dunque la cacciata, come si usa dire, dei comunisti dall'esecutivo. Quel viaggio decretò la fine dei governi di unità nazionale, che ripresero dopo molti anni, per tutt'altri motivi, prima con Moro e poi con Andreotti.

Quella «rottura» costituì la tappa fondamentale dell'allineamento dell'Italia con uno dei due schieramenti che si stavano prefigurando e che poi sarebbero durati per oltre mezzo secolo; l'Est e l'Ovest: le democrazie occidentali e le democrazie, come si chiamavano a quel tempo, progressive.

Il Partito comunista reagì con grande violenza. Anche i socialisti non mostrarono indifferenza. Tuttavia, il Partito comunista di Palmiro Togliatti sapeva benissimo che a Stalin e all'Unione Sovietica importava il rispetto del Patto di Yalta, e l'Italia, a Yalta, era stata assegnata alla zona di influenza occidentale, come altri Paesi erano stati assegnati, più o meno, alla sfera di influenza orientale. Dico più o meno perché in un primo momento, ad esempio, si concordò che non tutta l'Ungheria dovesse andare all'alleanza orientale, ma poi l'Unione Sovietica si prese tutto. I sovietici tenevano moltissimo al rispetto di quel patto. Ciò perché Stalin ha sempre considerato il Patto di Yalta la prima difesa dell'Unione Sovietica, uscita mezzo distrutta dalla guerra, con potenti forze militari ma con un entroterra economicamente e socialmente sfiancato. E con milioni di morti tra militari e civili.

De Gasperi tutto questo lo sapeva non bene, ma benissimo. Il viaggio negli Usa segna appunto l'ingresso dell'Italia nella Guerra Fredda. Gli Stati Uniti diventano il nostro alleato preferenziale. E De Gasperi, anche nella vicinanza agli altri Paesi europei, anche nelle alleanze internazionali che poi seguirono, anche in quella che poi sarebbe diventata la Comunità Europea e perfino dentro l'Alleanza Atlantica, mantenne sempre quello che viene chiamato il rapporto speciale con gli Stati Uniti. Tanto è vero che quando parleremo della nostra adesione alla Nato, che è cosa diversa dal Patto Atlantico ma a esso collegata, l'Italia stipulò a parte un accordo di collaborazione politico-militare diretto con gli Stati Uniti. Un accordo che tuttora regge. La prova? Prendiamo la carta geografica dell'Italia, quella delle basi militari, la carta non più coperta dal segreto militare. Vedremo subito che le basi militari non italiane sono americane e sono molte di più le basi realizzate a seguito dell'accordo di cooperazione politico-militare con gli Stati Uniti che non le basi Nato.

È così che inizia la nostra alleanza con gli Stati Uniti. Negli anni, questo patto è stato più volte turbato anche da alcuni episodi significativi. Penso a Sigonella, alla crisi del 1985, quando Craxi, dopo il sequestro dell'*Achille Lauro*, preferì trattare con Abu Abbas e Arafat piuttosto che consegnare i terroristi agli americani. E penso, più in generale, alla nostra scelta più filo arabo che filo israeliana. E tuttavia, il patto con gli americani resiste comunque e sempre resisterà. Al di là dei cambiamenti dell'amministrazione Usa. Al di là dei leader che si alterneranno alla Casa Bianca.

3

La Guerra Fredda

La Guerra Fredda: già il termine indica la complessità di questo concetto. Se vi è qualcosa che non è freddo, infatti, è proprio la guerra. Uno dei primi a usarlo è stato il giornalista americano, due volte vincitore del premio Pulitzer, Walter Lippmann; e proprio grazie alla contraddizione che riflette, tipica degli ossimori, questo modo di dire diventò subito popolare.

Per Guerra Fredda s'intende una politica estera e militare propria di quei periodi prossimi alla guerra vera. Ma la nostra Guerra Fredda, quella scoppiata subito dopo la fine del secondo conflitto mondiale, quando Stalin decise di dare inizio al blocco di Berlino, e proseguita anche quando quel blocco fu rimosso, è stata una guerra assai particolare, senza precedenti nella storia. Le guerre fredde, le guerre non guerreggiate, sono sempre esistite. Solitamente, però, la preguerra delle minacce, delle provocazioni, delle ostilità non ancora ufficialmente dichiarate, evolve rapidamente in guerra vera e propria. Nel nostro caso, invece, la Guerra Fredda è durata cinquant'anni ed è finita con la pace o comunque con la non guerra. A voler essere più precisi, è finita, se è finita, con la sconfitta di una delle due parti in campo, e cioè del blocco orientale, quello sovietico. Da che cosa nasce il mio dubbio? Perché dico «se è finita»? Perché mi ha molto colpito ciò che è successo all'indomani dell'elezione di Obama. Che cosa ha fatto quel giovane, cortese, signore russo di nome Dimitrij Medvedev? E si badi, ho detto russo e non sovietico, perché oggi, con il dissolvimento dell'impero comunista, l'Urss non esiste più. Ebbene, che cosa ha fatto il presidente russo? Prima ha parlato con il nuovo inquilino della Casa Bianca, prima si è intrattenuto a lungo con lui in una cordiale conversazione telefonica, poi è corso in televisione ad annunciare che era iniziato il dispiegamento dei missili terra-terra e degli scudi a ogiva nucleare puntati sulla Polonia e sulla Repubblica Ceca. Cioè, proprio lì dove l'amministrazione americana aveva deciso di intervenire, dopo aver sottoscritto i relativi accordi, con l'installazione di radar e missili terra-aria per difendere l'Europa da un pericolo iraniano. «Ma quale Iran, questi missili sono puntati contro di noi»: ecco, in realtà, che cosa hanno sempre sospettato i russi.

La Guerra Fredda è quella che ha generato l'Alleanza Atlantica e, dall'altra parte, il Patto di Varsavia, cioè i due blocchi politico-militari che si sono fronteggiati fino alla caduta del Muro di Berlino nel 1989. L'Alleanza Atlantica era, in sostanza, l'alleanza con la Nato, con la North Atlantic Treaty Organization, una struttura già costituita in tempo di pace. Che cosa ha a che fare l'Italia con il Nord Atlantico? In effetti, la domanda potrebbe sorgere spontanea. Provo a rispondere.

Dopo la guerra, gli alleati si incontrano e si dicono: «Signori, questa volta non possiamo farci fregare». Di sicuro non usano questo termine, che ammetto non essere tra i più eleganti, ma il concetto era quello. Il pericolo di un terzo conflitto mondiale li teneva tutti sulla corda e, poiché il secondo era appena disastrosamente terminato e il suo scatenarsi li aveva presi di sorpresa, ora quei signori volevano prepararsi per tempo. E l'Italia?

Noi aderiamo al Patto Atlantico nel marzo del 1949. E così facendo scartiamo le altre due ipotesi possibili; teoricamente possibili: quella della neutralità e quella dell'autonomia. Tentare o l'una o l'altra di queste strade sarebbe stato per molti versi un azzardo, ma anche l'adesione al Patto Atlantico si rivelò, a dire il vero, una decisione non facile da prendere.

Molti ignorano, ad esempio, che in quella Alleanza il Regno Unito non ci voleva affatto. E non solo per la ragione più ovvia, vale a dire perché il Regno Unito era stato il nostro più diretto avversario nel corso della guerra appena finita e ben ricordava il crollo del fronte interno all'indomani del bombardamento di Roma. Ma anche perché faceva grosso modo questo ragionamento: "A noi conviene molto di più un'Italia neutrale, neutrale da amica, ma neutrale, perché forse, se rimane neutrale, avendo anche la Santa Sede all'interno, l'Unione Sovietica non l'attacca. Viceversa, se da non neutrale fosse attaccata, noi non potremmo non andare a difenderla". E qui scattava il pregiudizio militare: che tipo di Italia bisognava a quel punto difendere? Un'Italia che non aveva più alcuna voglia di combattere, un'Italia scassata, già uscita sconfitta da una guerra contro i nemici esterni e piegata da una guerra civile. Dio avesse voluto, infatti, che la Resistenza fosse stata solo una guerra degli italiani contro i nazisti. Purtroppo fu anche, o forse essenzialmente, una guerra civile, una guerra tra italiani. E ne paghiamo ancora le conseguenze sul piano della diffidenza reciproca, delle divisioni pregiudiziali, delle logiche di parte.

Quindi l'Inghilterra non ci voleva. Era convinta che noi saremmo stati un peso. E, del resto, cosa ne sapevamo noi del Regno Unito? Nulla o molto poco. Gli scozzesi e i gallesi si inquietano quando noi, riferendoci al Regno Unito, diciamo l'Inghilterra. Per noi italiani è difficile comprendere come un unico Stato si consideri comprensivo di tre nazioni, inglese, scozzese e gallese, che parlano la stessa lingua ma che hanno anche una seconda lingua minoritaria, diversa, che è la lingua celtica, e cioè l'antico scozzese e l'antico gallese. Però noi continuiamo a parlare confusamente di Inghilterra.

Una volta un ambasciatore di Sua Maestà Britannica, come si dice formalmente, prima di andar via dall'Italia, fu invitato da me a colazione. Mi portò in dono un bel libro sulla Scozia e disse che mi era grato di molte cose e, soprattutto, del fatto che io avevo sempre detto «ambasciatore britannico» e non «ambasciatore inglese».

Se l'Inghilterra non gradiva il nostro ingresso nell'Alleanza Atlantica, ci accoglievano volentieri, invece, i francesi. I quali sapevano che presto o tardi sarebbe entrata anche la Germania, almeno quella occidentale, e contavano sul nostro risentimento per i fatti accaduti durante l'ultima fase della guerra. I francesi sono stati sempre, e forse lo sono ancora, un po' diffidenti verso i tedeschi, considerati l'eterno nemico. Ma questo vale per loro, non per noi. Non è vero, infatti, che la Germania, l'Austria e l'Ungheria sono state sempre il nostro eterno nemico, perché se identifichiamo l'Italia con il Regno di Sardegna, è facile notare che il Regno di Sardegna è stato più volte alleato degli austriaci. E nel 1866 noi eravamo contro l'Austria, ma alleati dei prussiani. E poi gli altri Stati d'Italia erano alleati degli austriaci, alleati degli austriaci per sempre.

I tedeschi sono poi puntualmente entrati nell'Alleanza Atlantica e, poco dopo, anche nella Nato. Furono però gli Stati Uniti a dichiararsi esplicitamente a favore dell'ingresso dell'Italia nell'Alleanza. Ciò spiega ulteriormente perché, come ho già detto, De Gasperi volle l'Italia alleata particolare degli Stati Uniti. Ma da dove nasceva la simpatia degli americani nei nostri confronti? Per ragioni geopolitiche, certo, come vedremo meglio più avanti, ma anche, perché escluderlo?, per ragioni tradizionali e sentimentali: la luce, il sole, l'antichità, il mandolino, la pastasciutta. Insomma, tutte quelle cose che servono a tenere insieme le comunità, a creare una memoria comune e dunque un'identità. Ed è sulla base di un tale patrimonio che poi nascono le affinità tra i popoli e si stringono relazioni. La Scozia è nota per il whisky, ma non credo che in molti conoscano la storia scozzese. La Francia per i vini, gli Stati Uniti per Disneyland e Hollywood, ecco. Chi può dubitare che a rendere popolari gli Usa abbiano contribuito molto più i divi del cinema o il furbo Topolino e lo sfortunato Paperino che non la storia della rivoluzione americana?

Dicevo delle difficoltà che hanno reso non facile l'ingresso dell'Italia nell'Alleanza Atlantica. De Gasperi riuscì comunque a superarle tutte. Il suo fu un cammino pieno di ostacoli, sin da quando il trattato di pace che ci aveva umiliati come sconfitti e che dovemmo comunque sottoscrivere fu portato alla ratifica dell'Assemblea Costituente. Perché ci rifiutassimo di firmare, lanciarono il loro appello, tra gli altri, Benedetto Croce, Vittorio Emanuele Orlando,

Francesco Saverio Nitti, cioè i campioni del liberalismo antifascista.

C'era poi la posizione della Chiesa. Il Vaticano non era affatto dell'idea che l'Italia entrasse nel Patto dell'Alleanza Atlantica e poi ancor meno nella Nato. Riteneva, infatti, che fosse più utile a se stesso e alla funzione che andava a esercitare rimanere neutrale. Innanzitutto, perché non voleva che l'Italia fosse coinvolta in operazioni militari che avrebbero danneggiato, anche se non materialmente, la possibilità di libera manovra della Santa Sede; e poi perché quest'ultima sperava che, rimanendo l'Italia neutrale, potesse svolgere non solo un ruolo di mediazione tra i due blocchi, ma anche di tutela universale dell'interesse dei cattolici e, in generale, dei cristiani che facevano parte anche dei Paesi dell'Europa Orientale. Il Vaticano, in sostanza, temeva ciò che poi in parte è davvero successo, e cioè che l'Unione Sovietica e l'Internazionale comunista potessero considerare la Santa Sede, proprio perché geograficamente collocata nel cuore dell'Italia, alla stregua di un membro del Patto Atlantico e quindi di un nemico. Per questa ragione, anche alcuni leader storici della Dc non valutavano positivamente l'ipotesi dell'ingresso nell'Alleanza. Era contraria, ad esempio, tutta la sinistra dei professori, quella di Dossetti, Moro, Fanfani. Moro, per portare un esempio, si astenne dalla votazione. E così fecero anche Luigi Gui che, per paradosso, molti anni dopo sarebbe diventato ministro della Difesa, e Giovanni Gronchi, futuro presidente della Repubblica, il quale arrivò perfino a teorizzare l'equivalenza delle responsabilità di americani e sovietici nella Guerra Fredda. Il che forse spiega perché, quando nel 1955 va al Quirinale, Gronchi vi arriva anche con i voti di socialisti e comunisti. Tutti questi leader erano contrari non tanto e non solo per antiatlantismo, quanto perché cattolici. Al loro confronto, De Gasperi svettava. Era il più laico di tutti: cattolico per fede, ma laico nell'agire politico.

Quello del Vaticano, in ogni caso, non è stato affatto un ruolo facile da ricoprire: basti pensare alla persecuzione dei cattolici e degli altri cristiani dei Paesi dell'Est. L'identificazione tra il Vaticano e il blocco occidentale era, per Mosca, un fatto scontato; mentre la sua neutralità finiva per non essere gradita del tutto anche ai Paesi del blocco occidentale. Da qui la battuta che qualcuno fece alla conferenza di Berlino: «Attenti al Vaticano!», e la famosa, geniale, ma al tempo stesso sprezzante battuta di Stalin: «Va bene, ma quante divisioni ha il Papa?».

Ma torniamo alla Guerra Fredda e all'Alleanza Atlantica. C'è un altro modo di dire che negli anni successivi alla fine del conflitto era molto in voga. Lo coniò un altro genio del tempo, Winston Churchill. Quando parlava del mondo comunista lo indicava come ciò che stava oltre la «Cortina di ferro». La prima volta che se ne uscì con questo termine fu nel corso di un famoso discorso in un'università americana, e naturalmente rimase subito impresso nella mente di tutti. Winston Churchill era un profondo conoscitore della lingua inglese, nonostante non abbia mai intrapreso la carriera universitaria. Comunque, ci ha rimesso l'università e ci ha guadagnato la Storia. Non è diventato *bachelor* o *master* a Oxford, ma Churchill qualcosa di utile lo ha pur fatto. È vero però che tra le due immagini, quella del Muro, del Muro in cemento di Berlino, e della Cortina, dei cavalli di Frisia che segnavano il confine dei due mondi, ad avere le meglio è stata la prima. Nessuno ha mai più detto: «È crollata la Cortina di ferro», ma tutti noi ancora diciamo: «È crollato il Muro». La ragione è molto semplice: tutti abbiamo visto il Muro crollare, cedere sotto i colpi dei picconi, fatto a pezzi dall'entusiasmo popolare. Immagini indimenticabili. La portata metaforica di quel crollo era ed è tuttora potentissima.

Ciò nonostante, la divisione tra le due Germanie è stata così profonda che qualcosa di divisivo ancora permane nella psicologia e perfino nella cultura di quel popolo. Tanto che, ancora oggi, i tedeschi che facevano parte della Repubblica Federale vengono chiamati «Wessi», da Westdeutschland (Germania occidentale), mentre quelli che facevano parte della cosiddetta Repubblica Tedesca, la Ddr, vengono chiamati «Ossi», da Ostdeutschland (Germania orientale).

Wessi e Ossi, dunque, nonostante molti anni siano ormai passati dalla caduta del Muro.

4

Il caso Mattei

Nella vicenda della Guerra Fredda si colloca, con una certa autonomia, il caso Mattei. Vale a dire, il problema dell'Eni e del rapporto tra l'Italia e i Paesi produttori di petrolio, nonché tra l'Italia e i Paesi concorrenti nella ricerca di fonti energetiche.

In questo capitolo parleremo dunque di mezzo mondo: di America, ancora, ma anche di Olanda, Inghilterra, Francia, Russia. E soprattutto di Algeria, di Israele, di Libano: di Medio Oriente, insomma.

Di Enrico Mattei tutti sanno che è stato un protagonista della vita economica e politica italiana per quasi un ventennio, fino all'inizio degli anni Sessanta. Ma a pochi è noto che è stato anche il capo dei partigiani «bianchi», dei partigiani cattolici, e che è stato uno dei fondatori di Stay Behind, meglio nota come Gladio, una delle strutture clandestine che più hanno alimentato la fantasia e l'immaginazione dei nostri addetti ai retroscena. Ma ci torneremo a suo tempo.

Anche le guardie del corpo di Mattei facevano parte di Stay Behind, compresa quella che morì con lui il 27 ottobre del 1962, quando il suo piccolo aereo precipitò per un improvviso stallo al motore. Erano i giorni, tanto per capire il contesto in cui quei fatti avvenivano, della crisi di Cuba, del braccio di ferro tra Usa e Urss a proposito dei missili nucleari da installare. Eravamo, insomma, in uno dei momenti di più acuta tensione della Guerra Fredda.

Enrico Mattei era un democristiano di ferro. Era un devoto di De Gasperi e nella Democrazia cristiana era noto per essere finanziatore di una corrente specifica che si chiamava Sinistra di base. Il vice di Mattei era Eugenio Cefis e l'aiutante di campo di quest'ultimo, mi si lasci dire così, era un tale il cui nome di battaglia era Alberto. Albertino Marcora, che i giovani non conoscono, ma che fu capo della corrente di base, appunto. Il nome vero di Marcora era Giovanni, ma tutti lo chiamavano con il suo nome di battaglia.

Alcide De Gasperi, che era poco legato a visioni ideologiche nel campo dell'economia, subiva pressioni da parte degli americani e degli inglesi affinché sciogliesse l'Agip, l'Agenzia generale italiana petrolio. Si decise, allora, a nominare un commissario liquidatore, e scelse Mattei. Lo fece per compiacere gli alleati, ma in realtà chiamò Mattei e, in separata sede, gli disse grosso modo così: «Tu fa' finta di scioglierla, questa Agip, ma nella sostanza rafforzala». Risultato: l'Agip si trasformò in Eni, vale a dire in un immenso impero che è sopravvissuto a tutti i cambiamenti del sistema politico italiano. L'Eni è stata, in sostanza, la più grande industria di Stato che sia mai esistita nel nostro Paese e una tra le più grandi del mondo. Il suo ruolo, proprio perché possibile solo nell'ambito di un maggiore intervento dello Stato nell'economia, non dispiaceva alla sinistra, e questo accresceva il potere e la considerazione del suo inventore.

Ma l'influenza di Mattei non si esauriva all'interno dei confini nazionali. Poiché voleva assicurare autosufficienza energetica al nostro Paese, cominciò ben presto a tessere una fitta rete di relazioni personali e a costruire così una propria politica estera, talvolta in concorrenza con quella delle grandi compagnie petrolifere straniere (le cosiddette «sette sorelle»), ma che sempre più spesso finiva per essere chiaramente ostile. Ovunque, Mattei proponeva contratti più vantaggiosi per i Paesi produttori. Cercò di penetrare nell'Iran e nel 1960 firmò, a un prezzo vantaggioso, anche un contratto con l'Urss.

La sfida alle compagnie americane, alla Petrolium del Regno Unito e alla Shell olandese, fu dunque diretta. Ma lo scontro vero ebbe luogo in Algeria, che, in verità, aveva riserve non tanto di petrolio, quanto di gas. Quando l'Algeria si ribellò alla Francia, Mattei scelse di stare dalla parte dei ribelli perché capì che alla fine avrebbero vinto loro. Da qui il finanziamento massiccio all'insurrezione, denari e possibilità di armi e ricovero ai ribelli algerini.

La spregiudicatezza di Mattei allarmava e affascinava al tempo stesso. Guido Carli, Governatore della Banca d'Italia, vedeva in lui un grande capitano di ventura pervaso da spirito anticapitalista; mentre Fanfani era convito di poter utilizzare queste sue capacità per modernizzare il Paese e svecchiare un ceto dirigente inadeguato a sviluppare gli ampi progetti di sviluppo di cui l'Italia aveva bisogno.

L'aereo su cui viaggiava Mattei precipitò, come dicevo, il 27 ottobre del 1962, mentre, proveniente da Catania e nel corso di un violento temporale, stava cercando di raggiungere l'aeroporto di Linate. Da allora gli interrogativi sulla sua morte sono diventati sempre più insistenti. È stato il cattivo tempo? È stato un sabotaggio? E se è stato un sabotaggio, è stato operato dalle «sette sorelle», irritate per la concorrenza dell'Eni, o è stata una punizione dei francesi, perché Mattei aveva aiutato l'insurrezione algerina?

La politica estera di Mattei ha comunque influenzato molto la politica estera italiana, in modo particolare in Medio Oriente. Basti pensare all'azione di Moro o di Andreotti e al nostro ruolo nel conflitto israelo-palestinese.

Intanto, mi si lasci aprire una parentesi. Una delle cose che pochi sanno è che il termine Palestina è stato creato dagli inglesi. Palestina era prima un termine biblico. Quando la Società delle Nazioni, dopo la fine del primo conflitto mondiale, con la dissoluzione dell'Impero Ottomano assegnò loro alcune province arabe, queste furono identificate come il mandato di Palestina. Io ricordo la famosa brigata di volontari ebrei, la Brigata Ebraica si chiamava, in gran parte formata da ragazzi nati in quelle terre. Osservai quei soldati sfilare a Roma, da ragazzino, quando ancora non si erano sciolti e non erano passati nell'esercito britannico. Tra quei ragazzi, seppi dopo, c'era anche il più grande amico di Papa Giovanni Paolo II. Fu allora che vidi per la prima volta quella che poi sarebbe stata la bandiera d'Israele. La vidi sulle camicie di quei ragazzi.

Ricordo bene, poi, quando alla radio fu annunciata la costituzione dello Stato di Israele. Al tempo le Nazioni Unite, che intanto avevano preso il posto della Società delle Nazioni, volevano già i due Stati, quello israeliano e quello palestinese, ma gli arabi si misero di traverso.

Non vollero creare subito, contemporaneamente, il secondo Stato, quello palestinese, perché ciò avrebbe comportato il riconoscimento di Israele. Oggi vogliono il secondo Stato ma a quel tempo erano di tutt'altro avviso, perché erano ancora convinti di poter buttare a mare gli israeliani. Quindi gli arabi vogliono oggi quello che non hanno voluto ieri, e che gli israeliani più facilmente gli avrebbero lasciato fare, perché erano parecchio meno numerosi e molto più deboli.

Quale fu la posizione italiana? Oggi può sembrare strano, ma a favore di Israele, allora, era schierata la sinistra. La seconda potenza mondiale a riconoscere Israele fu l'Unione Sovietica. I primi, con soli dieci minuti di anticipo, furono gli Stati Uniti d'America. L'Unione Sovietica considerava in quel periodo gli arabi alleati dei britannici e aveva tutti gli interessi a indebolirli.

Ricordo di aver fatto una campagna elettorale, da giovane sottosegretario, per le regionali siciliane, e la Democrazia cristiana era dalla parte degli arabi. Una volta, nel corso di una manifestazione, parlai subito dopo Nenni, e una delle accuse che Nenni faceva alla Dc era di essere contro Israele, contro gli ebrei. Inoltre, non dimenticò di sottolineare che gli arabi erano filo nazisti. Il famoso Partito socialista Baath siriano, a cui si è ispirato Saddam Hussein, fu fondato da un cristiano orientale filo nazista, e non era affatto socialista, ma nazionalsocialista, dato che Saddam Hussein aveva letto più volte il *Mein Kampf* di Adolf Hitler.

Per quanto riguarda il mondo occidentale, a favore di Israele c'erano la Francia e il Regno Unito; gli Stati Uniti furono anche i primi grandi finanziatori dello Stato di Israele insieme ai Paesi dell'Est. I primi rifornimenti d'armi allo Stato di Israele vennero invece dalla Cecoslovacchia. Qualcosa, clandestinamente, passò anche attraverso l'Italia. Il Regno Unito, in quanto titolare del controllo su quelle terre, cercava di ostacolare tutto questo.

C'è una nota dell'allora delegato apostolico a Istanbul, poi nunzio a Parigi, poi patriarca di Venezia, poi Papa, Giovanni XXIII, in cui si esprimeva parere contrario alla creazione di uno Stato israeliano perché considerato come un focolaio di ebraismo. Del resto, solo con Paolo VI, ma soprattutto con Giovanni Paolo II, si è avuta nella Chiesa la grande svolta e ed è stato finalmente accantonato l'antiebraismo. L'antiebraismo e l'antisemitismo sono stati una costante della cultura cattolica. Io, cattolico, forse non sono stato antisemita solo perché la mia era una famiglia antifascista. Ma fino a Papa Giovanni Paolo II, che per primo, come Papa, ha messo piede in una sinagoga, e fino all'attuale pontefice, Joseph Ratzinger, che è andato in Germania e ha visitato la ricostruita sinagoga di Colonia che era stata distrutta nella famosa Kristallnacht, la Notte dei Cristalli che rappresentò il primo grande sfogo della persecuzione, un filo ebreo, nella chiesa cattolica, veniva guardato con un certo sospetto.

Ho detto della politica filo araba voluta e promossa da molti leader democristiani, da Fanfani a La Pira, da Moro ad Andreotti, ma non ho detto tutto della sinistra. I comunisti, infatti, erano filo israeliani quando nacque lo Stato d'Israele, ma quando quest'ultimo si legò all'America ecco che di colpo sono diventati antisraeliani. Vi è un'interpretazione secondo la quale l'Italia, che viene considerato il più fedele o il più ossequiente alleato degli Stati Uniti d'America, si è sempre mantenuto, diciamo, un piccolo orto in cui essere autonomo dagli stessi Stati Uniti facendo la politica filo araba: e si fanno, come è ovvio, i nomi di Fanfani, Moro e Andreotti, ma si arriva anche a Bettino Craxi.

La vicenda di Sigonella, il conseguente schiaffo agli americani, la sua amicizia personale con Arafat: ce n'è abbastanza, insomma. Tanto che Arafat, quando Bettino Craxi è morto, voleva erigere una statua a Ramallah. Una statua, o intitolare una via o una piazza a Bettino Craxi. E perché non dire che una grossa parte delle tangenti pagate al Psi è servita anche a finanziare Arafat? Con la storia dei nostri rapporti con il mondo arabo, a partire, come si è visto, dall'intraprendente azione di Enrico Mattei, e soprattutto dei rapporti coltivati dai massimi esponenti della Democrazia cristiana che ha governato per cinquant'anni l'Italia, è connessa anche la storia del Libano.

Il Libano è stato sempre conteso tra arabi intransigenti e arabi transigenti soprattutto rispetto alla questione palestinese. Il Libano è un luogo dove hanno trovato rifugio, e ancora lo trovano, i cosiddetti profughi palestinesi. Il Libano è un Paese complesso, perché è un Paese arabo, anche se gli arabi cristiani non amano sentirselo dire. Ma è un Paese molto composito, perché ci sono cristiani, cattolici di vari riti, cristiani non in comunione con la Santa Sede; e ci sono poi, nemicissimi tra di loro, musulmani sunniti e musulmani sciiti. Le guerre del Libano sono state sempre guerre civili. Il Libano è un'invenzione dei francesi, così come gli inglesi si sono inventati la Palestina, la Giordania che era un pezzo di deserto, e l'Iraq che, noi spesso lo ignoriamo, è stato sotto mandato e sotto dominio britannico, perché serviva per mandarci la famiglia reale cacciata dopo la liberazione dell'Arabia. Cacciata dai sauditi. I membri di quella famiglia furono poi uccisi con la rivoluzione militare cui partecipò Saddam Hussein. Ci sono ancora sauditi, invece, del Regno di Giordania. E, guarda caso, sono stati implacabili contro la guerriglia palestinese. Come dimenticare le stragi del famoso «settembre nero»? Noi italiani siamo intervenuti per volontà delle Nazioni Unite in una delle guerre civili del Libano. E qui si apre un altro mistero italiano. Un mistero vero. Il ministro degli Esteri del Fronte Popolare per la Liberazione della Palestina, Bassam Abu Sharif, trasferitosi dal Libano dopo che il loro capo ha avuto un incidente (gli è saltata in aria l'automobile a Beirut, cosa che da quelle parti accade spesso), ha rilasciato non molto tempo fa una sbalorditiva intervista al «Corriere della Sera» nella quale, come ho già accennato, afferma che il «lodo Moro» esisteva, eccome. Sarebbe esistito, cioè, un accordo per cui, in cambio della mano libera ai palestinesi in Italia, ma non per fare attentati, Moro aveva garantito l'intangibilità degli interessi e dei cittadini italiani. Il giudice Rosario Priore, confermando l'esistenza del lodo Moro, ha poi ipotizzato un altro lodo che si ricollegherebbe alla nostra prima presenza nel Libano, dove britannici, francesi e soprattutto americani furono duramente colpiti, mentre gli unici che non furono mai presi di mira furono proprio gli italiani. Cosa che si è ripetuta, se è vero che né i contingenti italiani, né quelli guidati dagli italiani, hanno mai ricevuto alcuna offesa dai militanti di Hamas o dagli Hezbollah.

Ora, vista l'esistenza di un lodo Moro, perché escludere che un accordo, oltre che con i palestinesi, possa essere stato siglato anche con Al Quaeda? Come risulta evidente, la fantasia certe volte corre. Legittimamente corre.

Quando ci fu la prima guerra del Libano, in un solo attentato gli americani persero duecentocinquanta marines, perché dei camion bomba sfondarono le barriere ed entrarono nel loro campo. Tra gli italiani alle dipendenze di un generale sardo dei paracadutisti, che poi fu anche parlamentare del centro sinistra, ci furono, invece, un morto per una pallottola di rimbalzo e due feriti. Pertini andò a visitarli e lui, il generale, disse che non avendo potuto fare come i britannici, che avevano preso un albergo di sette piani e ci avevano sistemato dentro i militari, aveva deciso di realizzare un campo trincerato con i sacchetti di sabbia e gli sbarramenti metallici. E che quindi era più difficile attaccare un campo italiano.

Possibile? Era davvero più difficile fare attentati dinamitardi con un kamikaze, con un camion bomba, in un campo in allestimento che non in un edificio? Purtroppo non è andata così poi a Nassiriya, dove la Brigata Sassari ebbe due morti, anche se è vero che i due militari erano fuori dal campo. Ma dove potevano essere, se avevano ordinato ai Carabinieri di fraternizzare con la popolazione? Come avrebbero potuto fraternizzare stando in un campo trincerato?

In realtà, la questione non dipendeva tanto dal fatto di stare in un campo o in un edificio. La spiegazione di tutto stava in un accordo tra italiani e libanesi sciiti. C'era la guerra civile e noi non fummo attaccati perché ci eravamo impegnati a che se la sbrigassero tra loro. Sciiti, sunniti e cristiani: noi non avremmo messo becco. In cambio, salvo un militare colpito da una pallottola vagante, cosa che in un teatro di guerra può sempre accadere, noi non avremmo avuto vittime. Avevamo trattato una specie di lodo Moro in piccolo.

5

La Dc e la mafia

Tra gli effetti della Guerra Fredda bisogna aggiungere anche il complicato rapporto tra la Dc e la mafia siciliana. Di questo rapporto, molto si è detto e molto si è immaginato. Forse troppo. Inchieste, romanzi, film, sceneggiati televisivi: quale vicenda collettiva ha conosciuto un racconto tanto ampio quanto ancora confuso nelle nebbie del dubbio e del sospetto?

Ciò nonostante, proverò ora a dire la mia sulla mafia, per quanto si possa comprendere un fenomeno che affonda le sue radici nella storia e nella cultura di un popolo; nella tradizione e ovviamente nel mito. Radici che ci riportano ai «Beati Paoli», la setta medioevale di cui parlò anche il pentito Tommaso Buscetta: «Abbiamo gli stessi giuramenti, gli stessi doveri»; oppure alla rivolta antifrancese dei «Vespri siciliani»; o ancora più indietro nel tempo.

Un giorno Giovanni Falcone mi disse: «Anche la mafia è un fenomeno umano e in quanto tale riusciremo a sconfiggerla». Poi fu ammazzato. E il prefetto Emanuele de Francesco, nominato alto commissario tre giorni dopo la strage di via Carini, dove furono ammazzati il generale Carlo Alberto Dalla Chiesa, sua moglie e un agente di scorta, già mi apparve più scettico: «Se ci riusciremo non sarà prima di cinquant'anni».

A dimostrazione di quanto incerto possa essere anche il mio sapere sull'argomento, allora, farò subito una premessa. Nel giugno del 1979 si tennero le prime elezioni dirette del Parlamento europeo e il mio partito, la Dc, mi propose una candidatura nel collegio Sicilia-Sardegna. Ora, a parte il fatto che ho sempre ritenuto una bizzarria unire in un unico collegio elettorale due realtà tanto diverse, e prova ne è, detto in confidenza, che ancora oggi è assai difficile trovare un sardo che decida di andare in villeggiatura a Palermo o ad Agrigento; a parte questo, dicevo, la proposta non mi allettava affatto. Tanto più che era venuto a illustrarmela un tizio che mi fece uno strano discorso. Era un democristiano notoriamente contiguo alla mafia e si ostinava a darmi del tu. «Tu non devi preoccuparti di nulla» disse. «Dovrai solo fare un comizio a Catania e uno a Messina, poi al resto pensiamo noi.» Al resto? Quale resto? Non mi era difficile immaginarlo. Ero già molto incerto se accettare o meno quella proposta, ma l'idea di vedermi impantanato in vicende poco chiare mi indusse subito a sciogliere la riserva in modo negativo. «Grazie, non mi interessa» risposi. E infatti non se ne fece nulla.

Anche in questa complessa storia del rapporto tra la Dc e la mafia, comunque, c'è un inizio ben determinato. Un momento in cui la matassa comincia a ingarbugliarsi. E io credo di poterlo ricondurre al tempo dello sbarco degli americani. Vicenda nota, e dunque inutile da ripercorrere in tutti i dettagli. Basterà ricordare, però, che gli americani che approdarono in Sicilia nel luglio del 1943 si servirono dei mafiosi: ne trassero, tanto per dirne una, informazioni utili sia per le operazioni militari sia, dopo, per quelle di governo del territorio. In un certo senso, i mafiosi ebbero una legittimazione a stelle e strisce. Ma a ben vedere gli Usa, così facendo, non inventarono nulla di nuovo, perché lo stesso avevano fatto prima di loro i garibaldini quando sbarcarono a Marsala: anche le camicie rosse si servirono dei picciotti. E chi erano i picciotti se non i mafiosi degli anni a venire?

Tutto ebbe inizio, allora, sul finire della guerra. A quel tempo la mafia era apertamente antifascista, perché il Fascismo le aveva inferto colpi durissimi, costringendola a rintanarsi per lungo tempo. Chi non ha sentito parlare di Cesare Mori, il prefetto di ferro? Mussolini si affidò in tutto e per tutto a lui. «Vostra Eccellenza ha carta bianca» gli telegrafò. Almeno così si racconta. Aggiungendo che se, per ristabilire l'autorità dello Stato, le leggi in vigore gli fossero state di impaccio, lui, Mussolini, ne avrebbe fatte di nuove. Mori cominciò ritirando tutti i permessi di porto d'arma e continuò reprimendo e infittendo i controlli. Senza, tuttavia, riuscire a estirpare il male una volta per tutte.

In quanto antifascista, alle prime elezioni amministrative la mafia fece convergere i propri voti sulla più antifascista delle forze politiche in campo, vale a dire sul Partito comunista. E ciò provocò non pochi allarmi tra i moderati. Era la Sicilia di Vittorio Emanuele Orlando, ma sia chiaro: quegli allarmi erano dettati più dalla perdita di consenso che dalla tenuta democratica; più da ragioni di bottega che dall'ansia di costruire uno Stato libero da ogni forma di condizionamento.

Fu il cardinale Ernesto Ruffini, arcivescovo di Palermo, a mettere in guardia la Dc. «Se volete i voti dovete andare a cercare quelli lì» disse. E con «quelli lì» intendeva i mafiosi. L'ingrato compito toccò a Bernardo Mattarella, vicepresidente dell'Azione cattolica, sposato con una signora di Trapani, città che costituiva il vero e proprio quartier generale della mafia. La moglie di Mattarella non era di famiglia mafiosa, ma di famiglia rispettata dalla mafia. Una differenza non di poco conto, su cui tornerò. Il povero Mattarella si mise dunque in cerca. E qualcosa trovò. Ma poi, il giorno dell'Epifania del 1980, gli uccisero un figlio, da due anni presidente della Regione Sicilia. Piersanti Mattarella era appena entrato in auto, e stava per andare a messa con i figli e la moglie. Quest'ultima si accorse di un uomo armato che si stava avvicinando, lo supplicò di non sparare, ma il killer fu spietato e preciso: colpì ripetutamente la vittima designata e nessun altro. Allora la macabra contabilità della mafia non ammetteva sprechi nelle esecuzioni. Fu così anche con Salvo Lima: anche in quel caso i killer aspettarono che uscisse dall'auto, lo pedinarono fino a quando, scopertosi braccato, cominciò a fuggire e, infine, lo uccisero senza torcere un capello agli uomini che lo accompagnavano. Per quell'omicidio furono poi accusati, tra gli altri, Valerio «Giusva» Fioravanti e un gruppo di terroristi dell'estrema destra.

In realtà, Piersanti fu ammazzato perché le cosche non potevano sopportare che il presidente della Regione Sicilia fosse non solo lontano dai loro interessi, ma addirittura ostile. Avvicinata dal padre, la mafia ora chiedeva contropartite. Chiedeva e non otteneva. Ecco perché si risolse a sparare. Anche a Lima fu chiesto troppo, tanto da non poter essere concesso. Forse aveva promesso qualcosa e si ritrovò tra i piedi, invece, una serie di leggi sul carcere duro che il governo nazionale aveva appena varato: provvedimenti dal contenuto diametralmente opposto alle aspettative criminali.

Lima era un uomo spregiudicato, politicamente spregiudicato. Ricordo che fu lui a varare la prima collaborazione con i comunisti in Sicilia. Anticipò di molto il suo capo corrente, Giulio Andreotti, che al tempo, di fronte a simili alleanze, ancora parlava di «incastri e connubi».

Ora, volendo continuare a riflettere su questo delicato fronte del «colloquio» tra democristiani e mafiosi, non posso non chiarire, preliminarmente, un paio di cose per me molto importanti.

La prima. Nella Dc ci sono stati, e io li ho conosciuti, uomini che hanno combattuto la mafia in modo aperto e costante, con intelligenza e senza vuota retorica: penso a Franco Restivo, più volte ministro; a Giuseppe La Loggia, il padre di Enrico, uomo di punta della destra berlusconiana; e a Pippo Alessi, morto a centotré anni povero com'era nato.

La seconda. Come altri hanno già detto, anch'io sono convinto che non esistano politici mafiosi. Politici di rilievo, intendo, che abbiano prestato giuramento ai boss, che si siano punti il dito con lo spillo e che nell'oscurità liturgica di un anfratto segreto abbiano sigillato con il sangue la loro appartenenza alla Famiglia. Esistono, invece, uomini vicini alla mafia, uomini collusi. Ma non mafiosi. E questo per una ragione molto semplice: perché la mafia può ammettere al suo interno professionisti, medici e avvocati, ma non politici, rappresentanti cioè di un altro potere organizzato. È questo un concetto che ha espresso molto bene, e sicuramente prima e meglio di me, Giovanni Falcone, quando, in un memorabile e contestatissimo, a sinistra, discorso sulla mafia, disse che «al di sopra dei vertici organizzativi non esistono “terzi livelli” di alcun genere, che determinino e influenzino gli indirizzi di Cosa Nostra». «Lo stesso dimostrato coinvolgimento di personaggi di spicco di Cosa Nostra in vicende torbide e inquietanti come il golpe Borghese e il falso sequestro di Michele Sindona» continuava Falcone, «non costituisce un argomento “a contrario”, perché tutte queste vicende hanno una propria specificità e una peculiare giustificazione in armonia con le finalità dell'organizzazione mafiosa.»

E queste furono le sue conclusioni: «E se è vero che non pochi uomini politici siciliani sono stati, a tutti gli effetti, adepti di Cosa Nostra, è pur vero che in seno all'organizzazione mafiosa non hanno goduto di particolare prestigio in dipendenza della loro estrazione politica. Insomma, Cosa Nostra ha tale forza, compattezza e autonomia che può dialogare e stringere accordi con chicchessia, mai però in posizioni di subalternità».

Il ragionamento di Falcone è recentemente tornato d'attualità con il caso Ciancimino. Sindaco di Palermo, tra i più potenti leader democristiani che la Dc abbia mai avuto, Vito Ciancimino fu letteralmente allevato in casa Mattarella, e ciò avvenne proprio negli anni in cui, come aveva consigliato il cardinale Ruffini, bisognava andare alla ricerca di «quelli lì». Bernardo gli svelò non solo i segreti della politica, ma anche la difficile arte del compromesso con le famiglie di Cosa Nostra. E di questo si è appunto tornato a discutere nell'estate del 2009. Il prologo della storia risale però a due anni prima. Siamo nel mese di marzo e Massimo Ciancimino, figlio di Vito, viene condannato a cinque anni e otto mesi con l'accusa di riciclaggio. Poco dopo, Massimo inizia a collaborare con la giustizia. I filoni su cui concentra le sue dichiarazioni sono tre: il tesoro nascosto del padre, una inedita lettera minatoria a Berlusconi inviata dal boss Bernardo Provenzano e il cosiddetto «papello», che in dialetto siciliano sta per lunga sfilza di cose da fare.

Le dichiarazioni sul tesoro portano all'iscrizione nel registro degli indagati di quattro senatori siciliani: Carlo Vizzini del Pdl, Salvatore Cintola, Saverio Romano e Salvatore Cuffaro dell'Udc. I quattro sarebbero stati destinatari di tangenti provenienti dal conto «mignon», quello sul quale erano depositati i fondi neri dell'ex sindaco di Palermo. Per questa ipotesi di reato, pur respingendola, Vizzini si è dimesso da componente della Commissione antimafia.

Le confessioni sulla lettera di Provenzano a Berlusconi svelano uno scenario ignoto ai più. La missiva è del 1991, quando Berlusconi non è ancora sceso in politica. La mafia vuole una delle sue tre reti televisive e per essere più convincente minaccia un «triste evento». Di cosa si tratta? Dell'omicidio di Piersilvio, il primogenito di Berlusconi. Almeno questo lascia intendere Ciancimino jr.

Infine, il «papello». È l'elenco delle richieste dei boss consegnate a Ciancimino padre in cambio di una pace mafiosa. Era la stagione delle stragi: dal fallito attentato all'Addaura del 21 giugno 1989, quando Falcone riuscì a cavarsela, alla strage di Capaci del 23 maggio 1992, quando Falcone saltò invece in aria insieme con la moglie e la scorta; dalla strage di via d'Amelio del 19 luglio 1992, quella in cui persero la vita Borsellino e gli uomini che lo proteggevano, all'attentato a via Fauro, a Roma, il 14 maggio del 1993, quando Maurizio Costanzo e la moglie si salvarono per un pelo. Una stagione che proseguì con la bomba in via dei Georgofili a Firenze, il 27 maggio dello stesso anno, cinque morti, e con l'attentato in via Palestro a Milano, il 27 luglio, altre cinque vittime. Restò invece sulla carta il piano per un ordigno da fare esplodere allo stadio Olimpico.

Secondo il quadro delineato dalla dichiarazioni di Ciancimino jr, dunque, la mafia chiedeva la cancellazione del carcere duro, il dissequestro dei patrimoni e garanzie per i familiari dei boss detenuti. E se lo Stato non avesse accettato, ci sarebbero state altre bombe e altre vittime innocenti.

È verosimile una tale ricostruzione? C'è stata davvero una trattativa Stato-mafia mediata da Ciancimino senior? Siamo, senza alcuna ombra di dubbio, di fronte all'ennesimo mistero italiano?

Che inquirenti di mezza Italia, gli stessi che hanno indagato su quei fatti e su quelle stragi, siano poco attendibili, è possibile. Che abbiano sbagliato le procure di Palermo, di Caltanisetta, di Milano, di Roma, di Firenze, è anche plausibile. Ma che il figlio di Ciancimino volesse sconti e aspirasse al dissequestro dei beni di famiglia, questo no, non era da mettere in conto? La mia impressione, a esser sincero, è proprio questa: che un'opinione pubblica assetata di novità, sempre in fibrillazione e mai libera, non dico da dubbi, che sono i benvenuti, ma da sospetti, che sono invece velenosi e corrosivi, finisca per rendere attendibile anche un personaggio come il figlio di Ciancimino. Tutto può accadere. Il nostro sistema giudiziario ha sospettato insospettabili, ha condannato innocenti e ha ritenuto credibili pentiti che non lo erano affatto; ma non possiamo, io penso, credere sempre a tutto.

Certo, Ciancimino era molto influente elettoralmente e io stesso ne ho ricordato le inquietanti origini politiche. Ma non l'ho mai conosciuto di persona e dunque non posso aggiungere, a quel che ho appena detto, altre impressioni più dirette e personali. Inoltre, io sono sardo e in Sardegna è tutta un'altra storia. Il rapporto tra Stato e criminalità, voglio dire, corre lungo tutt'altro crinale.

In Sardegna la mafia non c'è mai stata, perché nella mia isola regna sovrano l'individualismo. Ognuno ha il suo mondo da costruire e tutelare. Non dico che l'individualismo protegga dalla criminalità. Dico, però, che mai e poi mai un bandito sequestratore si è sognato di lasciarsi coinvolgere dalle logiche politiche.

Ho conosciuto Graziano Mesina, uno dei più famosi banditi del dopoguerra; l'ho conosciuto in uno studio radiofonico dopo che aveva scontato la sua pena. Ebbene: «Io sono un bandito, non un politico» mi disse quasi a giustificarsi. E poi ricordo quel che mi raccontò una volta Indro Montanelli, che da giovane frequentava Nuoro. Passava ore e ore con il ciabattino del quartiere dove abitava. Chiacchierava, faceva domande, ascoltava storie. Quell'uomo, ormai avanti negli anni, lo incantava. Indro non aveva dunque motivo per dubitare di lui. Scoprì molti anni dopo, invece, che era stato un delinquente gelido e temibile. A quell'uomo, Giangiacomo Feltrinelli aveva chiesto una volta i nomi di altri «fuorilegge» da contattare per realizzare i suoi piani eversivi. Fu mandato a quel paese.

Tra criminalità e politica possono esserci contatti, non dipendenza. Possono esserci convenienze reciproche, non affiliazioni. La Dc si è servita della camorra per liberare Ciro Cirillo, ma Cirillo non era Moro. E nel carcere di Ascoli Piceno, a trattare, ci andarono agenti del Sisde: che altro avrebbe dovuto fare un servizio segreto? Solo in Italia si discetta sulla scarsa trasparenza dei servizi di spionaggio.

Quando arrestarono Provenzano, il boss dei boss si avvicinò all'orecchio del funzionario della squadra mobile che stava per mettergli le manette e disse: «Lei non sa che cosa sta facendo». Provenzano alludeva a quel che sarebbe successo dopo. Alla mafia senza capi, ai killer sbrigliati. Il poliziotto stava facendo saltare un equilibrio tra Stato e antistato. E non se ne rendeva conto.

6

Berlinguer

Enrico Berlinguer, sassarese come me, era un aristocratico, un discendente della nobiltà sardo-catalana. Era un vero signore e apparteneva a una delle più importanti famiglie dell'isola. È stato una delle figure più prestigiose del comunismo italiano ed europeo.

Io l'ho conosciuto bene, perché, cosa che ha meravigliato e meraviglia ancora molti, era mio cugino. Quando ero al Quirinale ed Enrico già non c'era più, ricevetti Gorbaciov. La prima cosa che mi chiese fu proprio questa: «Ma è vero che eravate parenti?». «Sì» risposi. «Ma lui era del ramo nobile, mentre io di quello popolano.» Scherzavo, ma non esageravo. Molti anni prima era venuto in Italia

Adolfo Suarez Gonzáles, il presidente del governo spagnolo che fece transitare il suo Paese dalla dittatura franchista alla democrazia senza una goccia di sangue, e l'ambasciatore a Roma aveva organizzato un ricevimento con molti invitati. Io ero ministro dell'Interno. Ricordo che la prima persona a cui Suarez andò incontro e abbracciò affettuosamente fu proprio Berlinguer. Poi Suarez venne da me e in castigliano, ridendo e chiamandomi per nome come spesso fanno gli spagnoli, mi disse: «Caro Francesco, ho appena incontrato il ramo aristocratico della sua famiglia».

Enrico e io eravamo cugini in quanto il suo nonno materno era fratello di mio nonno materno, e in più c'era un vincolo speciale: la mamma di Enrico, zia Maria, rimase orfana molto presto e fu allevata ed educata in casa di mio nonno insieme a mia madre.

Tra me e lui c'era una notevole differenza di età. All'inizio, lo conoscevo più come parente che non come politico e ovviamente ci davamo del tu, ci trattavamo con familiarità; ma quando io cominciai a diventar grande, lui era già a Roma, nella direzione del Partito comunista.

Avevo conosciuto anche la moglie, una bravissima ragazza, dieci anni prima che Enrico la conoscesse e la sposasse, ed ero grande amico dei cugini Siglienti: Sergio, Lina, Laura, Ciccio e Stefano Siglienti, che fu tra i fondatori del Partito d'Azione, per breve tempo ministro delle Finanze, portato dai nazisti nella prigione delle torture di via Tasso. Stefano aveva sposato Ines Berlinguer, che era zia in primo grado di Enrico. In una città come Sassari, del resto, eravamo tutti parenti.

C'era comunque più confidenza con il fratello minore, Giovanni. Io sono del '28, lui del '24, Enrico del '22. Alle elementari, quando io frequentavo la primina, Enrico era in quinta e Giovanni in terza. Eravamo in una scuola privata particolare, per figli di famiglie antifasciste. Avevamo tutti la stessa maestra, una grande maestra. Si chiamava Ottavia Mossa. Su una parete c'era il tricolore senza lo stemma dei Savoia, si cantava *Fratelli d'Italia*, non si parlava mai del Duce e non si metteva mai la camicia nera.

Avevamo abitudini diverse. A Enrico piaceva molto giocare a carte, a poker, in un famoso bar di Sassari. Io imparai poi, e a differenza sua e del fratello non ho mai tirato di stecca: il biliardo sapevo appena come era fatto. Giovanni preferiva le boccette, Enrico era bravo a carambola o all'italiana.

Ci sapevano fare, tanto che noi ragazzi andavamo spesso a vederli.

Ho detto che Enrico Berlinguer è stato un grande leader politico. La sua figura sarebbe impensabile al di fuori del partito nuovo di Togliatti. E anche quest'ultimo studiò nella stessa scuola di Enrico e mia, il famoso Liceo Ginnasio Azuni di Sassari: Domenico Alberto Azuni, insigne giurista.

Palmiro Togliatti e il fratello Eugenio Giuseppe, che poi divenne professore di matematica a Genova, si trasferirono in Sardegna con la famiglia perché il padre era economo del Convitto nazionale, e sono poi venuto a sapere che le nostre famiglie si conoscevano. I miei erano benestanti e, guarda i casi della vita, ho scoperto che i Togliatti avevano preso in fitto una casa che era di proprietà della mia bisnonna. La chiamavamo «mamma grande». Un giorno, la prima e l'unica volta che ci parlammo, Togliatti si ricordò di lei e, parlandone, di mia madre, di mia sorella, dei miei zii. Mi parlò con affetto di «mamma grande» che, mi disse, gli mandava la frutta a casa almeno tre volte alla settimana. Avevo ventinove anni e rimasi stupito davanti al già famoso Togliatti che mi raccontava la storia di famiglia. «Salutameli tutti» si raccomandò.

Togliatti, dunque, fondò il partito nuovo. Sapeva che l'Italia era un Paese assegnato all'Occidente dagli accordi di Yalta, un Paese cattolico. E allora cambiò tutto, anche il nome al partito, che prima si chiamava Partito comunista d'Italia. Divenne Partito comunista italiano e non fu poco, perché significava che il carattere nazionale del partito prevaleva su quello internazionale. Il suo fu un partito nuovo rispetto a un mondo diviso in due blocchi, un partito nuovo anche rispetto alla società italiana.

Prima di Togliatti, il Partito comunista fu però dominato culturalmente dalla figura di Antonio Gramsci, anche lui sardo. Un grande intellettuale la cui opera, proprio in Italia, è stata paradossalmente trascurata. Gramsci si studia ed è conosciuto in America, in Inghilterra, in mezzo mondo. Pochi sanno, ad esempio, che fu anche uno splendido traduttore, e che nella prigione fascista tradusse perfino le favole dei fratelli Grimm, con l'intenzione, frustrata dal regolamento carcerario, di inviarle ai nipotini. L'esperienza di Gramsci era limitata alla Sardegna e al Piemonte, dove andò a studiare con una borsa di studio delle Antiche Province, vale a dire le antiche province del Regno di Sardegna. Poi si ammalò e morì. Ebbe una vita molto tormentata:

la moglie, l'amante che era sorella della moglie perché quest'ultima impazzì, il rapporto difficile con i compagni. Una figura controversa, la sua. Di certo, non era uno staliniano. Alcuni dicono addirittura che sia stato espulso dal Partito comunista: questa almeno era la tesi di Sandro Pertini. Altri hanno dovuto smentire che la zia fosse una spia del Kgb. Una vita difficile, ripeto. Eppure io, come molti, sono convinto che, se i comunisti non fossero diventati così importanti e non avessero dato vita a un partito così grande, la figura di Gramsci si sarebbe distinta ancora di più nel panorama culturale italiano e internazionale.

Gramsci e Togliatti erano due persone completamente diverse, perché il primo era un intellettuale, l'altro un uomo d'azione.

È in questo clima che Berlinguer si consolida idealmente e politicamente. Fu gramsciano nella lettura rivoluzionaria e culturale di Lenin e del *Principe* di Machiavelli, fu togliattiano nel senso che esaltò il carattere italiano del partito, le sue radici autonome. Ma rispetto a Togliatti fu altra cosa, a meno che non si voglia ridurre a tattica, e certo non lo farò io, l'atteggiamento di Enrico sull'eurocomunismo e sullo «strappo» definitivo da Mosca.

Una testimonianza. Ero amico di Giancarlo Pajetta, il togliattiano Pajetta, e a lui Berlinguer non era affatto simpatico. Quando mi parlava di Enrico non diceva mai «il compagno Berlinguer» o semplicemente Berlinguer, ma «tuo cugino». Di Pajetta è anche una perfida battuta più volte riciclata: «Berlinguer? Un giovane aristocratico sardo, che fin dalla gioventù si iscrisse alla direzione centrale del Partito comunista italiano».

Eppure, Berlinguer divenne comunista quasi da solo. Il padre era un grande avvocato, lo zio anche, la famiglia era notoriamente antifascista, ma lui divenne comunista per curiosità intellettuale, leggendo i classici e andando poi a cercare i vecchi comunisti di quella che chiamiamo la parte bassa di Sassari. E questi erano tra l'altro molto lusingati che il figlio di don Mario Berlinguer, nonché nipote di uno dei più grandi politici sardi, don Enrico Berlinguer, li avvicinasse.

Mio nonno, Giovanni Zanfarino, e il nonno di Berlinguer, di cui Enrico portava il nome, erano i leader del Partito radicale di allora. Partito radicale che era repubblicano e, ahimè, antigiolittiano e cavallottiano. Io ho passato parte della mia gioventù, quando andavo a dormire da mio nonno perché c'era più fresco, sotto un busto di Cavallotti, e tra Cavallotti – dell'estrema sinistra – e Giolitti, avrei scelto Giolitti.

Sul finire della guerra, i Berlinguer furono portati via dalla Sardegna dal Comitato di Liberazione Nazionale di Sassari, prelevati da un aereo alleato. Atterrarono a Napoli e qui Enrico fu accompagnato in casa di Benedetto Croce dove fece una grandissima impressione. In questa occasione conobbe anche Palmiro Togliatti, e di lì iniziò la sua carriera politica.

Enrico Berlinguer, dicevo, non è pensabile al di fuori del partito di Togliatti, cioè del partito che puntava a essere un partito nazionale e, come disse egli stesso una volta ad Andreotti, il secondo partito cattolico d'Italia.

Di un Togliatti, ancora, che aveva preso atto che l'Italia non sarebbe mai potuta diventare una democrazia popolare, sia per la divisione del mondo in due, a cui Stalin teneva moltissimo, sia perché conosceva gli italiani. Togliatti ebbe ragione di quella corrente politica interna, la corrente di Pietro Secchia, che riteneva invece fosse ancora possibile la via rivoluzionaria. Togliatti mise Secchia ai margini non perché escludesse che il momento più alto di un Partito comunista potesse essere la rivoluzione; e neanche perché fosse contrario alla dittatura del proletariato. Parentesi. Dittatura del proletariato che, nelle intenzioni dei comunisti, è profondamente diversa dalla dittatura fascista e dalla dittatura nazista, perché è una specie di dittatura pedagogica che deve servire a convincere il popolo del fatto che un regime comunista è il migliore dei regimi possibili. Una dittatura pedagogica che agli italiani non sarebbe piaciuta comunque.

Semplicemente Togliatti mise Secchia ai margini perché sapeva che il mondo era diviso in due e l'Italia doveva stare da questa parte: ed era convinto che il comunismo italiano poteva contare nel nostro Paese solo se parte integrante di un grande movimento internazionale, che aveva la sua assise nel Comintern prima (e di cui era stato uno dei leader), e nel Cominform dopo. Ed era altresì convinto che questo grande movimento internazionale, che poi si rifaceva non solo al comunismo scientifico ma anche all'anticolonialismo radicato in Africa e in Asia, poteva esistere solo se poteva poggiare sulla colonna portante del Partito comunista dell'Unione Sovietica; e che il Pcus non sarebbe potuto essere quello che era se non avesse avuto alle spalle una grande potenza come l'Unione Sovietica. In questa chiave, il sovietismo e la sudditanza, tra virgolette, a Mosca dei partiti comunisti dell'Internazionale non era la soggezione del debole verso il forte, dello schiavo verso il padrone, ma la consapevolezza che la forza e la potenza economico-militare dell'Unione Sovietica erano essenziali per affermare l'idea comunista. E Togliatti, se vogliamo usare questo termine nonostante non sia il più corretto, fu sempre stalinista, perché riteneva che, in un certo periodo della storia, non si potesse costruire la grande Unione Sovietica come strumento del grande movimento comunista internazionale se non con i metodi duri usati da Stalin. Anche lo stalinismo, allora, non è una manifestazione di servilismo, ma una forma di realismo.

Si può condividere o non condividere, e io non condivido. Ma così stavano le cose. E so bene, perché proprio a me, che non sono stato né comunista né stalinista, è capitato di essere definito, da uno storico di origine russa, «il leader degli stalinisti di destra». Solo perché dico queste cose.

Togliatti, come abbiamo visto, è il comunista disposto a fare il primo compromesso storico, il vero compromesso storico, quello con De Gasperi, grazie a quel piccolo trattato di Yalta che è la Costituzione italiana, formata di pesi e contrappesi in modo che chiunque vincesse non potesse travalicare sugli altri. Togliatti, realista, è il comunista che tra la meraviglia dei laici e del suo partito vota a favore della garanzia costituzionale dei Patti Lateranensi. Togliatti è il comunista che non dice mai una parola contro la Chiesa e contro la religione. Ma Togliatti è certamente anche l'uomo che condanna l'autoprocesso fatto da Kruscev sui crimini stalinisti. Il comunista che convince, con una famosa lettera, lo stesso tentennante Kruscev a reprimere la rivolta ungherese.

Togliatti, che era stato ai vertici del Comintern, capì che o tutto si reggeva, anche il Patto di Varsavia, il Comecon, la supremazia dell'Unione Sovietica, l'egemonia del Partito comunista, oppure tutto crollava. E aveva ragione lui, perché quando ha cominciato a rompersi la catena Germania Orientale, Cecoslovacchia e Ungheria è venuta giù rapidamente anche l'Unione Sovietica, che ha trascinato con sé il movimento comunista internazionale. Dal suo punto di vista, Togliatti aveva ragione, così come, dal suo punto di vista, anche Stalin aveva ragione.

Del resto, e per assurdo, senza l'attentato alle Twin Towers, il movimento islamico non avrebbe avuto la pubblicità che ha avuto e non avrebbe raccolto tanti consensi quanti ne ha raccolti. Questo non vuol dire che io sia a favore della repressione in Ungheria, o dell'attentato tremendo alle Twin Towers; significa semplicemente che, se io fossi di quelle idee, sarei per questi atti; non essendo invece di queste idee, li condanno. Mao diceva che la rivoluzione non è un pranzo di gala. E quando uno fa la rivoluzione, fa la rivoluzione.

In questa atmosfera che possiamo definire nazionalcomunista cresce e si afferma dunque Enrico Berlinguer. Ma, e qui sta il suo tratto originale, di fronte alle conseguenze della critica che anche da sinistra si muoveva all'Unione Sovietica, al comunismo sovietico, ai crimini di Stalin, alle grandi purghe, alla repressione a Postdam e in Ungheria e all'invasione della Cecoslovacchia, Berlinguer si convince che si può creare una forma di comunismo europeo. Da qui l'avventura del suo eurocomunismo. Che però è poi fallita.

Berlinguer ritenne che per salvare il comunismo e per affermarlo ci fosse un solo modo: l'eurocomunismo, appunto. Un eurocomunismo che si basasse sull'autonomia culturale dell'Occidente europeo rispetto all'Oriente. E questo implicava anche un particolare rapporto con la tradizione cattolica, tema su cui era molto sensibile. Certo, non era credente e non era cattolico, come mai cattolica era stata la sua famiglia, salvo zia Maria e tutte le donne di quel tempo. Ma queste erano un po' le famiglie ottocentesche: il padre massone e la moglie che andava a messa. Lo so bene. Mio nonno era massone, di grado piuttosto elevato, mia nonna Giovannina era una cattolica di stretta osservanza e tutte le figlie femmine furono allevate decisamente nel cattolicesimo. Per questo io sono nato in questo impasto radicale, cavallottiano, repubblicano, cattolico, antifascista e sono diventato, come molti dicono, un democristiano anomalo.

Enrico ha dunque in mente di fare l'eurocomunismo con il partito francese di Marchais, il partito spagnolo di Carrillo Solares e, con qualche resistenza, con quello portoghese dell'aristocratico e ancora stalinista Álvaro Cunhal, la cui madre era di grande e nobile famiglia.

Fu un grande disegno, che a dire il vero ha avuto un ispiratore nel cecoslovacco Alexander Dubcek. Ma a differenza di Enrico, che non lo era, Dubcek era comunque un filo sovietico, e con la sua idea del «socialismo dal volto umano» non aveva alcuna intenzione di rompere radicalmente con l'Unione Sovietica. E si tenga presente che il pensiero di Dubcek era molto noto dalle nostre parti perché, dopo la repressione sovietica, che comunque arrivò, molti suoi collaboratori si sparsero nel mondo, e uno di questi, Jiri Pelikan, divenne anche cittadino italiano e deputato del Partito socialista al Parlamento Europeo.

Tra la rivolta del '56 in Ungheria e quella del '68 in Cecoslovacchia ci sono molte differenze. Quella ungherese fu non solo antisovietica, ma sostanzialmente anticomunista; quella cecoslovacca fu promossa invece dai comunisti di stretta osservanza che però volevano arrivare a costruire, attraverso una loro strada nazionale e non europea, un socialismo diverso. Dal volto umano, appunto.

La debolezza del pensiero di Enrico Berlinguer non è stata, a mio avviso, di tipo culturale. Bensì, strategica e storica: riteneva che i comunismi europei potessero vivere al di fuori del grande movimento comunista internazionale, e cioè senza il Pcus e senza la potenza economica che il Pcus aveva alle spalle.

Enrico Berlinguer aveva molti nemici, specialmente all'Est. E spesso si è parlato di tentati agguati ai suoi danni a opera dei servizi segreti filo sovietici.

Ma la sua morte, nel giugno del 1984, è avvenuta a Padova, dopo una manifestazione pubblica, probabilmente per un angioma cerebrale. Tutti lo hanno visto sbiancare e accasciarsi. Davanti a quelle scene l'Italia ammutolì.

Io arrivai la sera, accorsi più come cugino che come presidente del Senato. Enrico rimase in coma quattro giorni, fu una vicenda privata e pubblica molto straziante.

7

Le origini del terrorismo

L'assassinio di Aldo Moro è uno dei due episodi più tragici che hanno segnato la vita politica italiana. Se si esclude, infatti, l'uccisione di Umberto I avvenuta il 29 luglio del 1900 e che, respinte le suggestioni autoritarie, aprì un periodo di grande sviluppo della democrazia liberale, non restano che due attentati: quello a Matteotti, il 30 maggio del '24, che segnò il rapido avvio di un regime autoritario e dittatoriale, il regime fascista; e quello ad Aldo Moro, il 9 maggio del '78, che provocò, è vero, la fine della lotta armata, ma determinò anche, a ben vedere, la fine della politica di solidarietà nazionale.

Per parlare del rapimento, del «processo» e dell'uccisione di Moro, bisogna però fare un'ampia premessa, perché non si può non spiegare come e perché si è arrivati al terrorismo.

La situazione politica italiana aveva riprodotto, nei primi anni della democrazia, quello che era lo schema, per il mondo intero, del Patto di Yalta: la divisione, cioè, in sfere di influenza. In Europa la divisione fu segnata da confini politico-geografici. E quindi: Grecia, sfera occidentale; Romania, Ungheria, Polonia, Bulgaria e Cecoslovacchia: sfera sovietica; Finlandia, un po' di qua e un po' di là, dal punto di vista del regime politico nella sfera occidentale, dal punto di vista degli interessi nella sfera sovietica. Austria, Svizzera, Svezia e Irlanda neutrali, ma l'Austria era più filo occidentale, la Svizzera si faceva i fatti suoi, la Svezia vicina alla Germania e l'Irlanda equidistante per via del problema non ancora risolto dell'Irlanda del Nord. Discorso a parte la Jugoslavia, prima a Est e poi autonoma.

L'Italia apparteneva all'area d'influenza occidentale, ma a differenza degli altri Paesi si trovava in una situazione strategicamente particolare, e cioè ai confini con l'Est, almeno fino a quando la Jugoslavia non si sganciò dall'Urss, diventando uno Stato cuscinetto tra la Nato e il Patto di Varsavia. Grazie alla Jugoslavia, quindi, l'Italia non fu più un Paese di confine, e si ritrovò ad avere il più grande Partito comunista d'Occidente, la cui classe dirigente aveva costituito l'ossatura della Resistenza armata contro il nazifascismo.

Oggi il movimento partigiano è diventato epica nazionale, ma senza il Partito comunista italiano e senza l'esperienza che i capi comunisti avevano maturato nell'esercito sovietico e nella guerra civile spagnola, dalla parte dei repubblicani contro l'*alzamiento* franchista, la Resistenza sarebbe stata nient'altro che un insieme di nobilissimi ma limitati fatti isolati.

Sì, ci sono state e hanno combattuto anche Brigate verdi, costituite da democristiani, liberali, azionisti e monarchici. Ci sono stati grandi episodi di valore personale (è il caso di Giuseppe Lazzati, grande cattolico per cui è in corso la causa di beatificazione), ma la Resistenza armata, in Italia, non ci sarebbe stata se non ci fosse stata la struttura del Partito comunista italiano e se esso non fosse stato guidato da rivoluzionari di professione.

La Resistenza italiana ebbe tre momenti o, meglio, tre aspetti. Fu guerra patriottica contro i tedeschi, e questa era la resistenza, diciamo così, dei militari: i primi a essere fucilati in massa furono i generali, gli ufficiali del comando militare di resistenza di Torino. Fu poi guerra civile, antifascisti contro fascisti. E fu, nella speranza dei più, guerra di classe, così da permettere, come era avvenuto all'Est, la presa del potere, la dittatura del proletariato e l'instaurazione di un regime comunista. Ma poi l'Italia fu assegnata alla sfera di influenza occidentale e Togliatti, che lo sapeva, dovette comportarsi di conseguenza.

Da qui la «svolta di Salerno». A liberazione del Mezzogiorno avvenuta, vi era stato a Bari, il 28 e 29 gennaio del '44, il grande congresso dei partiti antifascisti, Democrazia cristiana compresa, tra cui molti chiedevano non solo l'abdicazione di Vittorio Emanuele III ma anche l'abolizione della monarchia. Togliatti, arrivato da Mosca passando per l'Africa, aveva riunito la direzione del Partito comunista e, parola più parola meno, ecco che cosa ha detto: «Compagni, la questione monarchica deve essere accantonata; il fatto principale è ora liberare tutta l'Italia e sconfiggere i tedeschi e i loro alleati fascisti. E se per far questo è necessario collaborare con il re, noi comunisti collaboreremo col re e inviteremo gli altri partiti antifascisti a collaborare anche loro». Non è difficile immaginare quale dovette essere lo stato d'animo dei militanti comunisti, ma poiché nella loro etica o, se si vuole, nella loro disciplina politica, ciò che dice il capo non deve essere accettato come vero, ma *è* vero, obbedirono. I comunisti entrarono nei vari governi, nel governo Badoglio, poi nel governo Bonomi, giurarono fedeltà nelle mani del Luogotenente generale del Regno, e subito apparvero agli occhi del popolo italiano e anche all'estero come un partito legale. Vi furono poi, nel 1946, le elezioni per l'Assemblea Costituente.

La Costituzione italiana non è, a mio avviso, una delle migliori costituzioni dell'Europa del dopoguerra. Direi anche che è una Costituzione «immobilista». Un «piccolo trattato di Yalta», io dico. Nel senso che fu il primo grande compromesso storico che ha evitato all'Italia la guerra civile. I presupposti c'erano tutti, ma De Gasperi e Togliatti fecero il capolavoro. Io non ci sarò, ma spero che prima o poi l'iconografia nazionale li celebri insieme: in un francobollo, in un medaglione, in un monumento. Pur non essendo giuristi, De Gasperi e Togliatti, trovarono l'equilibrio giusto per quel momento. Nella sostanza, il primo disse all'altro: «Noi governiamo, voi state all'opposizione, noi non vi metteremo fuori legge, ma voi non fate la rivoluzione». E questo patto fu osservato.

Il 18 aprile del '48 ci furono le prime elezioni politiche che evidenziarono l'egemonia dei partiti democratici occidentali rispetto a quella dei partiti democratici progressivi. Questo risultato mise in moto lo sganciamento, negli anni successivi, dal Partito socialista e dal Partito comunista. Così l'Italia si trovò ad affrontare prima la grande crisi sociale, poi la grande crisi di legalità e quindi il terrorismo.

Ma prima avemmo la ricostruzione imponente e il miracolo economico, che fu davvero un miracolo perché nessuno scienziato dell'economia ne ha mai dato una spiegazione plausibile. Produzione e consumo ebbero una impennata e ciò bastò a far credere all'italiano di essere ricco come un tedesco, un francese o un inglese. Si consolidò in quegli anni, nel modesto benessere che seguiva alla miseria della guerra, tra Lambrette ed elettrodomestici, una anacronistica e illusoria concezione crispina dell'Italia. Di un Paese coloniale, di una grande potenza. Una concezione che è sopravvissuta nel Fascismo, e che non ci ha più abbandonati.

Fossimo stati più consapevoli delle nostre reali condizioni, non saremmo stati così spesso sopraffatti dalle delusioni e dalle amarezze. E invece le crisi economiche che sopraggiunsero crearono problemi sociali piuttosto gravi e pesanti. Il Sessantotto, la rivolta studentesca e operaia, fu appunto, al di là delle rivendicazioni di carattere culturale e degli slogan sulla fantasia al potere, l'espressione di un malessere diffuso e profondo. Il movimento studentesco riuscì, almeno per un certo periodo, a collegarsi con le grandi masse operaie, e queste, grazie al sindacato, divennero protagoniste dell'«autunno caldo».

Le lotte di quegli anni non avevano solo una ragione sociale. C'era il malessere giovanile e quello di classe, ma cominciava a prendere corpo anche una vera e propria questione etica a proposito delle alleanze internazionali. Noi eravamo alleati degli Stati Uniti, di una potenza aggressiva e neocolonialista che aveva portato la guerra in Corea e poi nel Vietnam. Insieme, tutto questo, aveva creato un clima in cui le masse non riuscivano più a essere controllate, sia a sinistra che a destra. Vanno in crisi la struttura organizzata del Pci, e con essa la sua funzione egemonica. E qualcosa di simile succede anche sul fronte opposto. Non reggono più il ruolo e la funzione di un uomo a cui l'Italia deve molto, Giorgio Almirante, il fondatore del Movimento sociale italiano, la cui intelligenza e la cui prudenza hanno fatto sì che il serbatoio fascista ancora integro dopo la fine della Repubblica sociale non scoppiasse in piena era repubblicana. Per lungo tempo, fasciato nel suo rassicurante doppiopetto, Almirante è riuscito a democratizzare e parlamentizzare quelle masse. E senza rispolverare il passato, si è impegnato a dimostrare quanto fosse diventata ormai anacronistica, ad oltre un quarto di secolo dalla fine della dittatura, la divisione tra fascisti e comunisti.

A un certo punto, però, questo articolato sistema di controllo sociale e politico si sfascia.

Ed ecco che, a sinistra e a destra, abbiamo fenomeni terroristici. A destra, tra gli altri, ci sono i Nar, che io conosco molto bene perché nella mia vita sono stato minacciato da più parti, ma gli unici che avevano studiato un piano scientifico per ammazzarmi quando ero presidente del Consiglio dei ministri erano stati proprio loro.

C'era una differenza tra il terrorismo di destra e quello di sinistra. Quest'ultimo, in Italia, ha avuto caratteri di massa. E non è un fatto da poco.

Il terrorismo rosso si manifesta in Italia, in Germania, in Francia e in Belgio, ma è quello italiano che sfugge alla logica del gruppo isolato e ristretto.

Con questo non voglio dire che muovevano eserciti, ma solo che costituivano la punta di diamante, le falangi armate, di movimenti più vasti. E se non avevano ampi consensi, non raccoglievano neanche grandi dissensi.

Per molti erano «compagni che sbagliano» e dunque non da denunciare alla Polizia, né tantomeno da condannare senza appello.

Un giorno, quando non ricoprivo più cariche pubbliche e la mia curiosità mi spingeva a cercare risposte a molte domande rimaste sospese, incontrai uno dei maggiori leader delle Brigate Rosse che fu anche il capo del commando che rapì Moro. Mi disse che almeno un milione di persone, tra appartenenti al Partito comunista e ai sindacati, sapeva benissimo chi fossero i brigatisti e dove si nascondevano. Forse fui infelice nell'esprimermi e i giornalisti non mi capirono. Comunque sia, quella frase fu equivocata. Fu intesa nel senso che un milione di italiani sapeva dove era detenuto Aldo Moro. Come poteva essere possibile? In realtà erano assai poche le persone che lo sapevano: dieci al massimo. Il senso vero di quella frase era che moltissime persone sapevano chi fossero invece i brigatisti, da dove venivano, e quali fossero i loro piani. Ma chi li conosceva, in parte, si guardava bene dal denunciarli, anche per timore di ritorsioni; e in parte ritenevano fossero, appunto, «compagni che sbagliano». Solo Guido Rossa, un operaio dell'Italsider di Genova, ebbe il coraggio di denunciarli. Un giorno vide un dipendente della fabbrica che cercava di nascondere dei volantini delle Br: lo fece arrestare e poi lo accusò al processo. E per questo fu ucciso. Rossa era iscritto al Pci e quando si rivolse alla sezione per sapere come doveva comportarsi, gli fu risposto che faceva bene a denunciare quell'uomo. Ma quando interpellò il direttivo sindacale ebbe tutt'altra risposta: «È un compagno che sbaglia, ma un compagno, e tu non puoi incastrarlo».

Non dimenticherò mai come fummo trattati Rossana Rossanda e io nella primavera del '78. Rossanda scrisse un articolo sul «Manifesto» intitolato *Album di famiglia*. La tesi era questa: ragazzi, inutile girarci intorno; questa è gente nostra, questi che sparano, gambizzano e poi uccidono hanno le loro foto nel nostro album di famiglia.

A mia volta, in un'intervista per me assai dolorosa che rilasciai alla «Stampa», ma ne riparleremo più avanti, dichiarai che l'ispirazione ideale delle Br era quella di un utopismo cristiano e di un malinteso marxismo-leninismo realizzato al di fuori delle condizioni storiche.

Ci fu prima una dura reprimenda della segreteria del Partito comunista nazionale, ma poi il comitato regionale piemontese, a quel tempo c'erano ancora dirigenti come Piero Fassino e Giuliano Ferrara, diede la mia stessa interpretazione. Da quel momento non si parlò più di «cosiddette» Brigate Rosse, ma solo di Brigate Rosse.

8

La cacciata di Lama

Avevo quarantasette anni ed ero già ministro dell'Interno. A quell'età già su quella poltrona? Non era mai successo prima, né nell'età repubblicana, né nel precedente Regno d'Italia. Tant'è che per rimarcare la novità, Eugenio Scalfari, direttore e fondatore della «Repubblica», mi chiese un'intervista sul Sessantotto, sui movimenti e sul disagio sociale. Eravamo alle prime avvisaglie di quella tempestosa stagione politica. Di lì a poco ci sarebbero stati gli «espropri proletari», i «giovani con la P38», la cacciata di Lama dall'Università di Roma.

Scalfari, quel giorno, aveva l'influenza e allora andai a trovarlo a casa. Di quanto io gli dissi, fece un lungo resoconto e molto correttamente, data la delicatezza della materia, prima di pubblicarlo mi fece vedere il testo. Avevo elaborato la teoria dei tre cerchi. Il primo era quello del «movimento» vero e proprio, l'onda lunga del Sessantotto, la rivolta generazionale, la battaglia per i diritti. Il secondo era quello del movimento organizzato, il cerchio dell'Autonomia, di via dei Volsci, di Franco Piperno. Il terzo, infine, era quello della militanza militare.

Non intendevo dire che il Sessantotto fosse l'origine di tutto questo, ma semplicemente che il terrorismo di sinistra non era pensabile senza il Sessantotto. Tanto è vero che successivamente mi chiesi se non fosse stato un errore, nei confronti di quei fenomeni, almeno nella fase nascente, adottare la linea dura, quella della repressione. Picchiammo forte. E lo facemmo in almeno tre circostanze: a Roma nel '77 e poi, nello stesso anno, due volte a Bologna.

A Roma, il 17 febbraio, ci fu la cacciata di Luciano Lama dall'università. L'Autonomia travolse il servizio d'ordine e assaltò il palco dal quale parlava il segretario generale della Cgil. Una sfida senza precedenti. Fino a pochi mesi prima gli studenti si erano rivolti al sindacato per respingere le aggressioni fasciste. Una «rottura» storica.

Fino a quel momento, non dico che il Partito comunista italiano fosse dalla parte dei contestatori, ma di sicuro non era loro ostile, e mai avrebbe approvato la repressione dei movimenti studenteschi che occupavano l'università. Io e Pecchioli, l'amico Ugo Pecchioli che veniva chiamato il «ministro ombra» del Pci, d'accordo tra noi, ma in sedi diverse, avevamo pregato Lama di non andare a parlare nell'ateneo occupato. C'erano i cancelli chiusi con le catene e gli studenti avevano le chiavi. Decidevano loro se e quando fare entrare e uscire il povero rettore Ruberti, che poi divenne ministro.

Io sapevo come sarebbe andata a finire. Maggior speranza che finisse bene o non troppo male aveva invece Ugo Pecchioli. Ciò voleva dire che gli «infiltrati» dell'ufficio politico della questura e gli «infiltrati» del servizio di vigilanza del Pci avevano lavorato diversamente e i primi si rivelarono più capaci degli altri.

Lama era l'anello di congiunzione tra l'apparato di partito e il sindacato, uomo di grande fascino anche personale, eccellente oratore. Ma quella volta fallì.

Slogan sempre più volenti, insulti, sbandamenti di folla, spintoni e scontri sotto il palco: accadde di tutto. E infine Lama fu sommerso da una gragnola di cubetti di porfido. Uno di quei cubetti, me lo ha fatto vedere, lo ha portato per anni in borsa Lucia Annunziata, che sul '77 e sull'assalto all'università ha anche scritto un libro.

Quanto si scatenò quel giorno diede a me la possibilità di intervenire con l'appoggio del Pci, anzi, mi verrebbe da dire sotto l'istigazione del Pci. Ordinai lo sgombero militare dell'Università. I blindati sbatterono via i cancelli. Bisognava dare un esempio, una grande lezione. Ci furono pochi arresti, ma i manganelli lasciarono i segni.

Poi mi sono chiesto, dicevo, se non sarebbe stato il caso di avere una mano pesante e una leggera. E non escludo che la mano pesante abbia portato più celermente alla lotta armata. Ma il clima cominciava a incupirsi e io temevo un'esplosione di massa. Le grandi città erano attraversate da cortei violenti, i negozi devastati. Avevo la sensazione di una macchia che si allargava a vista d'occhio, fino a zone che credevo protette e inattaccabili. Ricordo una manifestazione di militari di leva in corso Rinascimento. Senza berretto, con la faccia coperta dal fazzoletto rosso, gridavano slogan pacifisti e antimilitaristi. In serata mi portarono l'elenco dei fermati: be', c'erano figli di parlamentari, anche democratici cristiani, di noti dirigenti della grande industria di Stato, di potenti professionisti. E quanti dei ragazzi fermati in quegli anni, che avevano fatto espropri proletari, sono oggi professori universitari, avvocati, uomini di finanza? Potrei fare i nomi, me li ricordo tutti, ma che senso avrebbe? Sarei in imbarazzo io e creerei imbarazzo in loro.

Il secondo grave episodio che provocò la dura repressione dello Stato fu un'altra occupazione, questa volta a Bologna, nel mese di marzo. L'ateneo fu messo a ferro e fuoco e incendi furono appiccati anche a un noto ristorante e alla federazione provinciale del Partito comunista italiano. Tentarono anche l'assalto a Palazzo d'Accursio, sede del Comune, ma il sindaco comunista Renato Zangheri, figura prestigiosa, accademico di fama internazionale, seppe resistere.

Io decisi di riconquistare la città. L'assalto al Comune era fallito, ma avrebbero sicuramente riprovato, e poi sarebbe stata la volta della Prefettura e di chissà cos'altro. Anche questa volta informai i comunisti, che erano inferociti. Il piano scattò all'una di notte.

Non che fossi il servo dei comunisti. Ma, parliamoci chiaro, lì si rischiava grosso.

Il consenso dei comunisti era necessario, in primo luogo, perché il Pci era molto influente in larghi settori dell'esercito e ha sempre agito con prudenza, tant'è che una volta, sentito dalla commissione Stragi, presieduta mirabilmente dall'amico Giovanni Pellegrino, dissi che il Pci avrebbe potuto occupare il potere con la forza quando e come voleva, ma mai lo fece; secondo, perché nella cultura italiana il nulla osta delle sinistre è quello che garantisce la democraticità di un'azione repressiva, la sua legittimazione e legalità. Il no della sinistra ricondurrebbe lo stesso atto repressivo sotto il segno di una intollerabile violenza borghese. Anche se dall'altra parte ci fosse Al Qaeda. Del resto, non abbiamo ascoltato slogan inneggianti a «dieci, cento, mille Nassirya»? Ed erano molto diversi gli slogan contro gli americani in Vietnam? *Nihil sub sole novi.*

Quella notte decidemmo di impegnare per la prima volta il settimo reggimento Laives dei Carabinieri. Prima intervennero loro, con i mezzi corazzati, poi il reparto celere di Padova. Liberammo Bologna tra gli applausi dei residenti e i comandanti di questi reparti furono ricevuti dal sindaco in Comune. Li ringraziò per aver restituito la città ai bolognesi.

Ed ecco, infine, il terzo episodio cui accennavo. Nel settembre di quello stesso anno il Movimento organizzò, sempre a Bologna, un convegno internazionale contro la repressione. Tre giorni di manifestazioni, quarantamila partecipanti, molti intellettuali. Oltre a Dario Fo e Franca Rame, oltre a Oreste Scalzone e Toni Negri, leader di Autonomia, c'erano anche i francesi *de gauche*.

Da questi ultimi, se non soprattutto da loro, l'Italia veniva additata nel mondo come la patria della repressione.

Io ero nel mezzo. Subivo anche le pressioni di quell'intellighenzia di sinistra che non era disposta a tollerare il convegno. Eugenio Scalfari scrisse chiaro e tondo che dovevo proibirlo. Ma farlo prima ancora che si scatenasse la violenza sarebbe stato un gesto assai grave. Avrei dovuto negare l'ingresso in città a una serie di grandi menti, molte delle quali si sono in seguito convertite, e forse qualcuna di esse ora collabora con Sarkozy. I grandi intellettuali francesi, appunto.

Spedimmo tutti allo stadio, che poi fu distrutto. E dopo le grandi manifestazioni sotto le sedi della Dc e del Pci, visto come complice del governo e della repressione, qualche negozio fu devastato. Non mancarono scontri con la Polizia, ma alla fine mettemmo tutti sui treni e li mandammo via. Non senza esserci prima tolti il gusto di far fermare immediatamente gli agitatori stranieri e farli portare in questura, e quindi notificargli un decreto di espulsione che avevamo già preparato.

Una linea morbida avrebbe dato un altro corso alla storia? Chissà. Tuttavia, il segno era già tracciato. Molti di quei ragazzi, visto il fallimento del Sessantotto, visto il fallimento del Movimento, visto il fallimento dell'Autonomia, avevano già deciso di passare alla lotta armata per alzare il livello dello scontro. E così fu. Iniziarono con i rapimenti e le restituzioni, poi passarono alle gambizzazioni, infine alle sventagliate di mitra. Senza escludere, come nel caso del sequestro Taliercio, le torture prima del colpo di grazia.

Perché questa escalation?

Al fondo, io credo, c'era un errore abissale, una valutazione del tutto fuori luogo.

Le Br, Prima Linea e i Nap non volevano essere movimenti terroristici, bensì movimenti di guerra civile. Con le loro azioni, che concepivano come dimostrative, volevano innanzitutto intimorire lo Stato, poi spingerlo a reagire in modo sempre più violento e indiscriminato. Alzare il livello dello scontro, innescare la spirale della violenza e della contro-violenza per arrivare alla guerra civile, alla rivoluzione: ecco il piano.

Alcuni dicono che la guerra civile e la guerra religiosa sono le guerre più nobili, perché sono fatte non in nome del potere, come le guerre convenzionali, ma in nome di un ideale. E del resto, aggiungono, in caso contrario dovremmo condannare l'intera Resistenza europea a esclusione, a questo punto, di quel che è successo in Jugoslavia, dove l'armata popolare di Tito aveva assunto le caratteristiche di un esercito regolare. Ma, per altri versi, si può giustificare l'uccisione del filosofo Giovanni Gentile? E si può dire che chi gli tolse la vita a metà aprile del '44, a Firenze, era un «resistente» e non un terrorista? Dov'era, in quel caso, la nobiltà d'animo?

Resistenti o terroristi? Non si può sfuggire al punto. Il problema si è riproposto, di recente, con la cosiddetta «rivincita islamica». Ampi settori della sinistra italiana hanno rispolverato la tesi terzomondista e antiamericana secondo cui il terrorismo sarebbe la guerra del povero contro il ricco, del debole contro il potente e del disarmato contro l'armato. Così ragionando sono arrivati perfino a considerare l'attacco alle Torri Gemelle non come un atto di terrorismo, ma come una sorta di reazione all'imperialismo a stelle e strisce. Un atto di guerra psicologica, beninteso, che non utilizza più le vecchie distinzioni ideologiche tra destra e sinistra, tanto è vero che fa saltare in aria sia la metropolitana, lì dove, come a Londra, c'è un governo laburista, sia la stazione ferroviaria, lì dove, è il caso della Spagna, si approssimava un neosocialista come Zapatero; e che non fa differenza neanche tra il bianco Bush e il nero Obama, perché l'unica cosa che importa, nella sostanza, è far fuori due grandi nemici: gli ebrei e i crociati.

Come ne verremo a capo? Non è facile rispondere. Ma è certo, e lo si lasci dire a me che sono e sono considerato un «atlantico con la *a* maiuscola», un «amerikano» col kappa, che non lo risolveremo né con le spedizioni militari in Iraq, né con le missioni in Afghanistan.

Per altri versi, so bene che la figura del terrorista-resistente, insieme con la suggestione del gesto estremo e la fascinazione rivoluzionaria, ha avuto e ha, in Italia, un aggancio forte nel mito della resistenza incompiuta.

Qui l'ideologia della sovversione rossa, di sinistra, ha sempre attinto a una tradizione forte. Che in parte, ma solo in parte, è quella del romanticismo anarchico, dell'atto esemplare e salvifico; e che in parte risiede, invece, nel coltivare l'illusione di un terrorismo che, in fondo in fondo, terrorismo non è, perché deve servire a innescare la miccia della guerra civile. Prima della guerra civile di liberazione, quella antinazista; poi della guerra civile patriottica, quella antifascista; infine della guerra civile di classe, quella antiborghese.

In realtà, questa parte della sinistra italiana non ha mai saldato il conto con Togliatti. Non fu lui, sul finire della guerra, a gettare acqua sul fuoco? Non fu lui a dire: «Collaboriamo con il re»? E non fu lui a evitare che la guerra civile raggiungesse il terzo e ultimo stadio?

Un giorno Alberto Franceschini, uno dei primi leader delle Brigate Rosse, mi raccontò che quando si dimise dal Partito comunista e andò da un mitico leader della Resistenza della sua città, Reggio Emilia, a dirgli che stava per passare alla lotta armata, questo vecchio capo partigiano, decorato al valore militare, gli diede una pistola e il suo mitra, un vecchio «Sten» inglese, e gli disse: «Compagno, riprendi da dove ci hanno fatto fermare».

Non so del mitra ma Franceschini, in un recente film documentario sulle Br curato da Giovanni Fasanella, con un sofferto compiacimento velato dagli anni ha addirittura mostrato una copia di quella pistola.

9

Moro

Moro è stato ucciso dalle Br, ed è stato ucciso in una logica tremenda: i terroristi credevano di essere molto più forti di quanto non fossero in realtà. Perché sarà stato forse vero che in tanti, probabilmente anche un milione, sapevano chi fossero e dove si nascondessero, ma di fatto alla fine nessuno li ha più seguiti.

Per arginare il magma ribollente di quegli anni, gli «anni di piombo», cominciò a delinearsi un'alleanza tra Dc e Pci, tra lo schieramento democratico tradizionale, occidentalista, e lo schieramento democratico progressivo, parte essenziale del quale era costituito dal Pci.

Il cammino verso quell'alleanza fu lento ma inarrestabile. Fu d'aiuto la convinzione che non si poteva tenere la sinistra parlamentare, un movimento così potente, fuori dalle sfere del potere. Per questa stessa ragione, in effetti, Mariano Rumor aveva avuto, anni prima, l'idea di sbloccare l'istituzione delle Regioni, le quali furono dunque varate per motivi eminentemente di equilibrio politico, non perché le si ritenesse necessarie per una migliore organizzazione dello Stato. Insomma, bisognava dare un po' di potere ai comunisti lì ove erano più forti: in Toscana, in Emilia Romagna, in Umbria.

Con Pietro Ingrao presidente della Camera, vi fu poi la riforma dei regolamenti parlamentari, in modo da offrire più spazio all'opposizione. Fu in sostanza introdotta una sorta di potere di veto e, sempre allora, fece la sua comparsa la concertazione nel campo economico: non più scioperi, ma accordi. Le parti sociali si sedevano intorno a un tavolo e discutevano fino a quando non trovavano la soluzione, a quel punto il governo avallava e il parlamento ratificava.

E così, provando, ipotizzando, mediando, furono inventati, nel senso letterale del termine, il cosiddetto «compromesso storico» e la solidarietà nazionale.

Il Partito comunista italiano aveva cercato in tutti i modi di arginare il fenomeno della lotta armata di sinistra. Ma la sua fu una presa di coscienza progressiva. Ricordo quando feci quell'intervista alla «Stampa» sull'utopismo cattolico e sull'ispirazione marxista-leninista del terrorismo. A scriverla fu Carlo Casalegno, ma avevo parlato poco prima con Arrigo Levi, il direttore: «Non ti do un'intervista ufficiale, ti dico delle cose, tu pubblicale». Il giorno dopo le Br spararono a Casalegno: colpirono al volto e lui morì dopo tredici giorni di agonia. Fu il primo giornalista ammazzato dai terroristi.

Venne da me Tonino Tatò, comunista e cattolico, e mi disse che non dovevo dire quelle cose perché col comunismo, e tanto meno col marxismo e il leninismo, le Brigate Rosse non avevano nulla a che fare.

Poi il Pci cambiò atteggiamento. «*Pas d'ennemis à gauche*», nessun nemico a sinistra. Nella tradizione comunista i nemici a sinistra o si assolvono o si distruggono. Del resto, come dimenticare la definizione delle Br data da Amendola? «Fascisti rossi» disse. Lo stesso Amendola prese le mie difese quando sui muri delle città cominciarono ad apparire le prime scritte intimidatorie, tipo «Cossiga boia!».

Finché ha potuto, il Partito comunista ha cercato di riassorbire il fenomeno terrorista, di dare scarso peso alle rare radici comuni e di tollerare in una certa misura le deviazioni, ma poi, di fronte a fatti clamorosi, non ha avuto più indugi. So di dirigenti comunisti che, quando i brigatisti non avevano ancora ucciso nessuno e si limitavano, diciamo così, a sparare alle gambe, andavano a cercarli per convincerli o a scappare all'estero o a pentirsi, perché sapevano che sarebbero state approvate leggi tese a favorire la collaborazione. Le leggi le proposi io e furono effettivamente approvate, ma l'operazione non riuscì. Fu allora che il Pci superò il guado e con il compromesso storico e la solidarietà nazionale si schierò completamente dalla parte del governo nella lotta alle Brigate Rosse. Le resistenze alla legislazione di emergenza, prima i famosi «decreti Reale» poi i «decreti Cossiga» vennero dai Socialisti e dai Liberali, non dal Partito comunista.

L'accordo Moro-Berlinguer per un governo basato non più solo sull'astensione comunista, ma sul loro sostegno esplicito e convinto, scatenò i brigatisti.

A quanto si è saputo dopo, le Br avevano preso in esame sia il rapimento di Fanfani, Presidente del Senato, sia quello di Andreotti, presidente del Consiglio dei ministri designato. L'ipotesi Moro era stata calcolata, ma non era tra le prime. Negli stessi documenti dei terroristi erano più volte citati Fanfani e Andreotti. E insieme con loro, c'ero io, con il nome accostato all'immancabile «boia» oppure scritto con il «K».

Il loro vero obiettivo era Andreotti perché così avrebbero subito decapitato il governo. Ma l'ipotesi fu scartata perché Andreotti girava sempre all'interno della città di Roma ed era più difficile rapirlo e uscirne vivi. Rapire Moro sarebbe stato invece più facile, ecco perché alla fine scelsero lui. Quell'azione non fu, come pure si sostenne, il fallimento della pianificazione delle strutture di protezione. Io stesso avevo, nei mesi passati, pregato gli americani di inviarci istruttori in gamba per le nostre scorte. So della polemica aperta dai familiari di Moro nei miei confronti, una vicenda per me assai dolorosa, ma nessuno può credere che io, che a Moro devo tutto (il ruolo di sottosegretario, il Ministero senza portafoglio, il Ministero dell'Interno), non abbia fatto l'impossibile per proteggerlo.

Moro aveva una scorta uguale a quella di Andreotti, alla mia, uguale a quella di Fanfani, inferiore a quella del capo dello Stato perché la scorta del capo dello Stato è anche una scorta d'onore. Il fatto è che non aveva un'auto corazzata. Non l'aveva mai pretesa. E nessuno l'aveva chiesta per lui, forse anche perché Moro era un leader carismatico e per certi versi appariva a tutti noi intangibile.

Ricordo che andai a trovarlo qualche giorno prima del rapimento. Andare da lui era diventata ormai una piacevole e utile abitudine. Lo facevo almeno una volta la settimana. Ma quel giorno lo raggiunsi per una ragione particolare, perché la Dc aveva ritenuto che per il primo governo di solidarietà nazionale fosse più opportuno designare Giulio Andreotti e non lui, nonostante avesse vinto le elezioni del 1976. Era ritirato nel suo studio privato in via Savoia. Fumammo le sue Moratti rosse e blu e bevemmo, come al solito, un bicchiere di whisky. Moro beveva solo quando parlavo io. Quando lo salutai e tornai in strada, trovai quelli della sua scorta che prendevano in giro i miei: davano colpi con le mani sulla mia auto di servizio, perché si erano resi conto che era corazzata. Quando mi videro tacquero, ma avevo sentito la loro ultima battuta: «Bella fifa il vostro capo, che va in giro così».

Appresi la notizia del rapimento mentre uscivo di casa. Abitavo in via Cadlolo e come al solito facevo due passi fino all'edicola, che era appoggiata al muro del centro Rai. Mi mettevo lì a sfogliare non i quotidiani, che mi arrivavano nella mazzetta, ma le riviste speciali di alta tecnologia, una mia nota fissazione. Stavo appunto sfogliando uno di questi giornali, quando il capo scorta si avvicinò e mi disse che voleva parlarmi con urgenza il capo della Polizia. Non era molto diffuso, ma già allora ero dotato di un telefono riservato che mi metteva direttamente in contatto con il Ministero dell'Interno. Giuseppe Parlato, capo della Polizia, mi riferì concitato che c'era stato un assalto al corteo di Moro, che l'onorevole era stato ferito, che la dinamica non era ancora chiara, e che la Rai non aveva ancora dato la notizia. Mi precipitai allora a Palazzo Chigi, dove mi aggiornarono: Moro era stato rapito, la scorta annientata eccetto un agente, che però era in imminente pericolo di vita.

Trovai una grande confusione in quello che doveva essere il giorno dell'inizio del dibattito sulla fiducia al Governo. Ricordo le rughe che solcavano il viso di Berlinguer, il nervosismo di Pajetta e l'angoscia e la paura di tutti gli altri. Raggiunsi il Ministero dell'Interno e dopo un po' arrivò la rivendicazione delle Brigate Rosse.

Vi fu una riunione in via della Camilluccia, dove la Dc aveva la sua scuola di partito: il Pci alle

Frattocchie, noi alla Camilluccia. Berlinguer fece sapere che accettava di «tagliare» il dibattito parlamentare in modo tale che nello stesso giorno, alla Camera e al Senato, il governo Andreotti ottenesse la fiducia e fosse nel pieno delle sue funzioni.

La linea assunta dalla direzione della Dc, di cui io non facevo parte ma a cui partecipavo per motivi tecnici, fu quella della fermezza perché, nonostante i brigatisti non avessero ancora avanzato richieste, era chiaro che l'avrebbero fatto da lì a poco. Con le Br non si trattava. Nell'appartamento del presidente del Consiglio, seguì un'altra riunione con tutti i partiti che sostenevano Andreotti, e anche lì stessa decisione: fermezza. L'intervento più duro fu proprio quello di Berlinguer. Intanto, il governo aveva ottenuto la maggioranza, la fiducia alla Camera e al Senato, e così iniziarono i tremendi cinquantacinque giorni del sequestro Moro.

Tale era la paura che i servizi antiterrorismo si precipitarono a scuola dai miei figli: la bambina studiava all'Istituto dell'Annunciazione, in piazza di Spagna, il maschietto, ai Fratelli delle Scuole Cristiane. Li prelevarono e li portarono a casa.

L'indomani mattina, dopo aver dormito poche ore, raggiunsi il Viminale e portai con me due lettere di dimissioni, giacché la prima idea, quella delle dimissioni immediate, era stata già bocciata da Andreotti: «Così mettiamo il Paese nel caos, perché tu sei qui ormai da più di un anno e sai cosa fare» disse. Consegnai le due buste nelle mani di Luigi Zanda, mio consigliere politico e poi senatore. Sardo, figlio di un mio caro amico che era stato capo della Polizia, persona che mi ha seguito in tutta la carriera politica: mi fidavo ciecamente di lui. In una busta c'erano le dimissioni nel caso Moro fosse uscito vivo dalla vicenda; nell'altra nel caso fosse stato ammazzato. Non potevo non valutare anche la prima ipotesi, perché conoscevo Moro e potevo ben immaginare quale sarebbe stata la sua durissima reazione. Sapevo che un ministro coinvolto in una simile vicenda non poteva più rimanere al suo posto.

Furono cinquantacinque giorni di angoscia.

Venne fuori in maniera evidente, e per me anche sconfortante, che lo Stato italiano era totalmente impreparato ad affrontare emergenze di questo tipo. Impreparato, prima ancora che tecnicamente, culturalmente. Pagavamo anni e anni di ideologismi e di sospetti reciproci. Sembrerà strano, ma il problema che in quelle ore si dibatteva, su sollecitazione in primo luogo del Partito socialista di Craxi e Martelli e della sinistra, non era di rafforzare gli apparati dello Stato per combattere il terrorismo, ma di disarmare le forze di Polizia. Un anno e mezzo prima, su pressione sempre dei socialisti, il servizio segreto militare aveva convinto l'Onorevole Giacomo Mancini che la campagna condotta dal senatore di destra Giorgio Pisanò sulla rivista «Candido» contro di lui fosse finanziata dal piccolo servizio segreto del Ministero dell'Interno; e per non aver storie, Taviani soppresse questo servizio, sostituendolo con un ispettorato antiterrorismo. A capo di questa struttura finì una bravissima persona, il questore Santillo, che però in vita sua non si era mai occupato di controspionaggio e controterrorismo. Così facendo, il Ministero dell'Interno era stato di fatto «disarmato» e i militari non erano più in grado di fare l'antiterrorismo. In queste condizioni, facemmo quel che potemmo.

La prima lettera «dal carcere», Moro la indirizzò a me. C'era scritto che doveva rimanere segreta: si chiedeva la trattativa e lo scambio. Dopo averla fatta vedere al capo della Polizia, la portai a Palazzo Chigi, dove c'era anche il buon Franco Evangelisti. Decidemmo di non divulgarla, ma Evangelisti, che aveva appena abbandonato lo studio in cui eravamo, rientrò trafelato: «Ma che segreta, l'hanno fatta arrivare ai giornali e alle agenzie di stampa». Capimmo che le Br avevano ingannato Moro: gli lasciavano credere di essere interessati a una trattativa, ma quel che in realtà li spingeva era dar pubblicità all'operazione.

Tanto è vero che un grande teorico della comunicazione come McLuhan sosteneva che, in questi casi, la prima decisione da prendere dovrebbe essere quella, come diceva lui, «di togliere la spina». Cioè non dare notizia, non amplificare il fatto.

Seguirono molte altre lettere e in un primo momento nessun partito, neanche il Psi, si discostò dalla linea della fermezza, anche perché Moro era stato rapito, ma la scorta era stata annientata senza pietà. La moglie di uno degli agenti uccisi aveva perfino minacciato di darsi fuoco davanti alla sede della Democrazia cristiana se fosse stato liberato un solo brigatista. Questa circostanza, rivelata in seguito da Andreotti, è stata duramente contestata dalla famiglia Moro. E tuttavia a me risulta vera.

Non mi sono mai scandalizzato per il fatto che Moro non abbia in nessun caso fatto cenno a quelli della scorta: lui si pose subito sul piano di chi voleva trattare, ed era evidente che non avrebbe potuto farlo se come premessa avesse accusato di strage i suoi interlocutori.

Ho letto ed esaminato infinite volte le lettere di Moro. Ne ho studiato il contenuto e la forma, nonché, naturalmente, la grafia. Non so quante volte le ho girate e rigirate tra le mani o guardate in trasparenza alla ricerca di un segno aggiuntivo. Come me altri ne hanno indagato gli aspetti psicologici o ideologici, storici o politici, ma il punto nodale è sempre lo stesso: sono vere oppure no?

Io sono uno di quelli, insieme al cardinal Michele Pellegrino, a monsignor Clemente Riva, a Pietro Scoppola e tanti altri, che hanno creduto sempre nella loro autenticità. E a questo proposito come non ricordare la tremenda invettiva nei confronti di Moro che venne da Sandro Pertini? «Si vede che non ha fatto la Resistenza» disse sprezzante.

Vi è poi un episodio che ho confidato solo a due persone: ad Andreotti e a Spadolini. Quando spuntò la prima lettera di Moro, quella che chiedeva la trattativa, Pecchioli, inviato da Enrico Berlinguer, venne da me e disse: «Dopo una lettera siffatta, sia chiaro che comunque si chiuda la vicenda, con il prigioniero vivo o con prigioniero morto, Moro per noi è già politicamente morto».

La linea dell'intransigenza da parte del Pci era ormai rigorosissima; mentre il governo aveva deciso di permettere alla Dc di provare trattative che non fossero quelle ufficiali, tipo Croce Rossa e Amnesty International. Ma al secondo tentativo reso pubblico, Enrico Berlinguer inviò nuovamente da me Pecchioli. Il quale non si perse in chiacchiere: «Se il governo continua a permettere alla Dc di insistere su questa strada delle trattative con organizzazioni che comunque presuppongono come interlocutore un soggetto militare riconosciuto, noi toglieremo l'appoggio al governo».

L'autenticità delle lettere, dunque. A parte l'angoscia e la disperazione con cui sono state scritte, a parte la tensione emotiva amplificata dalla claustrofobica limitatezza della prigione, quel che sfugge è che Moro non era un cattolico liberale come poteva essere De Gasperi: Moro era una cattolico sociale. Riteneva che lo Stato fosse una struttura giuridica al servizio della società civile e che i valori umani fondamentali, anche la cura e il futuro del nipote Luca che lui tanto amava, fossero immensamente superiori a quella che noi chiamavamo la dignità dello Stato. Ecco, tutto questo mi ha spinto a non avere mai dubbi sul fatto che i principi di etica sociale richiamati in quelle lettere appartenessero alla cultura e alla sensibilità di Moro. Ma che fossero state in un certo qual senso anche estorte, a me pare evidente. Lo conferma l'agitazione crescente con cui sono state scritte.

A un certo punto, Moro si rivolge direttamente a me con una durezza impressionante. Scrive: «Se io potessi parlare con Francesco lo convincerei alla trattativa». E aggiunge: «Ma egli è sotto l'influenza di Enrico Berlinguer perché è sardo, perché è il cugino, perché lui pur non essendo comunista ha una grande ammirazione per il cugino e per il Partito comunista e la cosa più grave, perché lui crede veramente al compromesso storico». Infine: «Guardate, amici democratici cristiani, guardate che state facendo vostra una idea di Stato che è l'idea comunista di Stato, non è l'idea democristiana, perché lo Stato non è un valore, è un valore subordinato anche alla vita e al benessere di una sola persona». Sulla base di questi ragionamenti, Moro annuncia le sue dimissioni dal gruppo parlamentare della Democrazia cristiana e fa capire che se fosse uscito vivo avrebbe guidato una dura battaglia contro il Partito comunista, cosa che i comunisti avevano del resto previsto fin dalla prima lettera.

A causa delle sue lettere, ma questo è noto, io ho avuto una fortissima depressione ed è vero che, dopo l'uccisione di Moro, dopo le accuse che la famiglia Moro ha lanciato implacabilmente verso di me, nel giro di due mesi mi sono venuti i capelli bianchi.

Negli anni successivi, quando già ero presidente della Repubblica, io ho letto anche il famoso memoriale di via Monte Nevoso, vari materiali redatti dai brigatisti e attribuiti a Moro, per lo più trascrizioni di registrazioni mai più ritrovate.

Con tutto il rispetto per Carlo Alberto Dalla Chiesa, che era a me molto legato, tanto che mi chiamava professore e io lo chiamavo confidenzialmente per nome, io sono convinto che quando ha trovato i documenti, ritenendo che una parte potesse essere di fastidio per Andreotti e per Craxi, li abbia prima sottratti all'attenzione generale, poi li abbia fatti leggere ai diretti interessati e infine se li sia ripresi. E solo a quel punto è stata data notizia del loro ritrovamento. In quelle carte, che mi furono sottoposte prima di renderle pubbliche perché la magistratura voleva il mio giudizio sulla loro autenticità, c'era scritto anche che era stato il ministro dell'Interno ad aver inventato l'antiterrorismo in Italia e in Europa. Ne fui molto fiero, ma un sostituto procuratore della Repubblica, diventato mio amico, mi raggelò: «Lei ha poco da essere contento, perché quando saranno rese note queste carte, lei sarà considerato in tutta Europa il nemico numero uno».

Sulla vicenda Moro è stata fatta molta fantapolitica. E allora sarà bene che chiarisca subito un aspetto. Un punto, come io faccio, è chiarire circostanze, sottolineare incongruenze; un altro è dedurre liberamente, a prescindere dai fatti, assecondando i propri pregiudizi e le proprie convinzioni. Su questo caso, la fantapolitica è stata alimentata soprattutto da un gruppo di amici di Moro legati all'idea di un Moro progressista, i quali non potevano accettare che il leader della Dc fosse ucciso «a sinistra». Secondo loro, Moro non poteva essere ammazzato dai rivoluzionari: doveva essere ucciso dai reazionari, doveva essere ucciso dalla Cia, doveva essere ucciso della Cia per mandato del governo tedesco o britannico o americano; tesi che hanno sostenuto anche in molti libri. Perché? Perché loro non potevano tollerare l'idea di un Moro moderato che vedeva nel compromesso storico non un'alleanza strategica con il Pci, ma un passaggio, una strada che avrebbe dovuto portare, dopo una fase di governo con i comunisti, verso il bipolarismo, vale a dire verso un sistema politico con i democristiani da una parte e comunisti dall'altra.

A uccidere Moro sono state dunque le Br. Punto. E lo hanno fatto nella logica di cui ho parlato: credevano di poter innescare la miccia della guerra civile di classe. Ed ecco perché hanno messo in piedi tutto il castello delle trattative: «O ci date questo e quello o lo ammazziamo». Volevano delegittimare lo Stato e legittimare se stesse.

Sulle trattative, però, confesso che deve esserci stato un capitolo della storia a me ignoto, perché sembra che, parallelamente all'azione di governo, organi dello Stato abbiano agito autonomamente, trattando senza informare né il presidente del Consiglio né me per ottenere lo scambio con terroristi della Raf. Ed è per questo che poi si è saputo che, quando era ministro degli Esteri, Moro aveva inventato il famoso lodo in forza del quale, in cambio della nostra sicurezza, i palestinesi erano autorizzati, quando erano ancora terroristi, ad avere le loro basi qui in Italia. Non a caso, nella seconda lettera dal carcere, Moro fa un implicito accenno a quel patto: «Rivolgetevi ai palestinesi, perché solo i palestinesi possono trattare con le Br» scrive. E poi aggiunge: «Ricordatevi come abbiamo fatto con loro». Con i palestinesi, appunto. In effetti, io ero ministro dell'Interno e l'Italia consegnò ai palestinesi due noti personaggi arrestati. Ho poi scoperto chi materialmente si occupò del lodo Moro: erano due persone che conoscevo, entrambe citate nelle lettere dal carcere brigatista: l'ammiraglio Mario Casardi, capo del Sid, e il colonnello del Sismi Stefano Giovannone.

Moro aveva capito che le Br cercavano una legittimazione, che volevano essere concepite come un partito politico alternativo, ma questa legittimazione non fu loro concessa. Cadde nel vuoto anche un appello della Santa Sede. E il 9 maggio 1978 Moro fu assassinato.

Da quel momento l'Italia non fu più la stessa. Berlinguer non si fidava più della Dc. Si fidava di Moro, non della Dc, perché noi sardi siamo fatti così: ci fidiamo delle persone, non dei partiti. E Berlinguer, non a caso, mai aveva parlato di accordo tra Pci e Dc, ma sempre tra comunisti e cattolici. È dunque a quel punto che comincia il lento sbriciolamento della Dc e, a ben vedere, dell'intero sistema, perché, a loro volta, i comunisti che avevano creduto nello scudo crociato avevano ora bisogno di ricostruire la propria immagine agli occhi di un'opinione pubblica di sinistra in forte crisi di identità. Si arriva così al caso Leone, alla questione morale e alla campagna battente sulla diversità etica dei comunisti. E un Paese che aveva provato a darsi nuovi assetti politici e istituzionali torna a dividersi, a trincerarsi dietro le ideologie e le barricate del reciproco sospetto.

Leone, il povero Giovanni Leone. In quella fase di sfilacciamento e di ritorno a un vecchio ordine, il brillante avvocato democristiano che aveva varcato la soglia del Quirinale, servì da capro espiatorio. Occorreva una vittima designata e una giornalista radical chic come Camilla Cederna, accusandolo ingiustamente con i suoi articoli e poi con un libro che ebbe grande successo, offrì al Pci quel che il Pci cercava: l'occasione per fare ciò che in Italia non era ancora stato fatto, vale a dire cacciare un presidente della Repubblica. Solo di recente Giovanni Leone è stato pienamente riabilitato anche grazie alle parole di Giorgio Napolitano.

10

Nelle mani di un materassaio

Ho letto da qualche parte che la Sony, la società americana che adesso si è messa in proprio anche nel campo della cinematografia, vuole produrre un film su Licio Gelli. È probabile, dunque, che prima o poi un Richard Gere o un John Travolta interpretino l'uomo della P2. La cosa ha meravigliato non poco. E qualcuno si è anche indignato. Ma evidentemente i produttori e i registi della Sony ritengono che quella di Gelli e della P2 possa essere una storia narrativamente interessante e che se ne possa trarre una fiction. In effetti, solo chi è legato a una vecchia concezione della cronaca e della politica può ancora meravigliarsi. *Bonnie e Clyde*, tanto per dirne uno, non è stato tra i film di maggior successo di tutti i tempi? E non hanno realizzato, anche qui in Italia, un film sui banditi della Magliana? Tempo fa, ho avuto modo di vedere in anteprima un film sui terroristi della «Baader Meinhof». Ambiguo, ma bellissimo. Ma se qui facessero un film del genere sulle Br, su Prima linea o sui Nuclei armati rivoluzionari, ci sarebbero probabilmente manifestazioni in piazza. Perché dico questo? Perché è successo l'ira di Dio per un minuto in tv di Licio Gelli. La rete televisiva Odeon lo ha intervistato, ottantanovenne, e subito si è urlato al «pericolo per la democrazia».

Allora, sia chiaro. Io alla storia di Licio Gelli e della loggia massonica P2, almeno come è stata raccontata, non ci ho mai creduto. E spiegherò perché.

Si dice che Licio Gelli abbia messo su un'organizzazione tenebrosa e che controllasse il Paese a tutti i livelli. Si dice anche che questa organizzazione fosse collegata con la Cia, come se la Cia non avesse avuto niente di meglio da che fare in quel periodo. Hanno fatto di Gelli un onnipotente, gli hanno dedicato anche una commissione di inchiesta che, a seconda dei punti di vista, è stata la fortuna o la sfortuna di alcune persone.

Io ho conosciuto Licio Gelli. L'ho incontrato quattro volte. La prima fu nell'estate del 1979, quando, cinquantunenne, diventai presidente del Consiglio dei ministri. Fui subito oggetto di attacchi e critiche, ma chi mi sparò addosso sin dal primo giorno non fu «l'Unità», ma il «Corriere della Sera». Ora, poiché non si offendono i direttori dei giornali e un politico deve sempre tener presente quanto diceva Winston Churchill in occasione delle censure del «Times» o di altri giornali, io mi comportai di conseguenza. «Parli con il direttore» consigliarono a Churchill. E lui: «Il Primo ministro di Sua Maestà britannica non parla con il direttore, ma con la proprietà». Io chiesi, allora, con chi mi dovessi vedere, e mi fecero il nome di Licio Gelli. Gli mandai un mio uomo all'Excelsior, in via Veneto. Poi ci incontrammo. Licio Gelli prima se ne uscì con un distaccato «Io non c'entro nulla», e poco dopo, con malcelata noncuranza, aggiunse: «Ho degli amici, vedrò cosa posso fare». Non so cosa successe nel frattempo, sta di fatto che dopo due giorni il «Corriere della Sera» cessò di attaccarmi.

Poi lo vidi una seconda volta. Sempre sul finire degli anni Settanta si spaccò la giunta militare argentina, perché un ammiraglio con il cognome italiano, nipote, via nonno, di un emigrato italiano, Emilio Massera, ruppe con i golpisti e scappò in

Italia. Era massone. Evitò di riparare in Venezuela ed escluse rapporti con gli appartenenti ai partiti democratici cristiani sudamericani. Si tenga presente che se non si è massoni, di destra o di sinistra, in Sudamerica non si governa. Il povero Allende, in Cile, fu vittima del colpo di Stato di Pinochet, che era il capo della massoneria. La massoneria è stata la grande arma di tutte le rivoluzioni dell'America meridionale contro il sovrano cattolico, salvo che in Brasile, perché era massona la casa sovrana, anticlericale, e aveva cacciato via i gesuiti.

Massera venne in Italia e vide una serie di persone tra cui il Papa, quindi volò in Spagna, dove incontrò Juan Carlos. E questa fu la seconda volta che vidi Gelli.

La terza capitò quando, non ancora caduto il Muro di Berlino, mi portò il vicesegretario del Partito socialista unitario tedesco, vale a dire del Partito comunista della Ddr. Come mai Licio Gelli, direttore di una grande casa di fabbricazione di materassi, da qui il soprannome «il materassaio», mi abbia portato il vicesegretario del Partito socialista unificato della Ddr, è cosa di cui nessuno mi ha saputo dar ragione.

L'ultima volta venne a casa mia a Roma per ringraziarmi: avevo definito «una vergogna», essendo lui agli arresti domiciliari, la mancata autorizzazione ad assistere, a Parigi, la moglie morente. Si vendicò organizzando ad Arezzo le esequie pubbliche presiedute dall'Arcivescovo. Gelli mi portò in regalo la prima edizione della Bibbia cattolica di Gerusalemme, con un segno al Vangelo di San Giovanni. Nessuna sorpresa: molti ignorano che, salvo quelle logge massoniche che ripudiano esplicitamente la religione, in tutte le altre è aperto il Vangelo di San Giovanni, lì dove si legge «in principio era il Verbo e il Verbo era presso Dio e il Verbo era Dio».

Conoscevo Gelli, dunque, anche se non si può certo dire che io sia un massone della P2. Semmai il contrario. Se si dicesse che sono una guardia svizzera occultata sarebbe più verosimile, o anche che io sono un agente segreto del Papa, ammesso, e non mi risulta, che ne abbia.

Ricordo che avevo cessato da poco di essere ministro dell'Interno, quando, come consulente, fui convocato presso il gruppo parlamentare Dc, perché il Pci e i repubblicani premevano per istituire la Commissione d'inchiesta sulla P2. Io dissi: «Fate quello che volete, ricordatevi però che la botta la piglieranno la Dc e il Partito socialista; e se è vero quello che mi dicono, ci sarà una botta tremenda anche per i servizi di informazione italiani, la seconda dopo quella del caso del generale De Lorenzo». Chi insistette per fare chiarezza fu Flaminio Piccoli. Gerardo Bianco era presidente dei deputati. La commissione di inchiesta si fece.

Non avevo tutti i torti. Nei primi mesi del 1981 vengono trovati gli elenchi degli appartenenti alla loggia, il 26 maggio si dimette Forlani. Il fatto è clamoroso: per la prima volta la Dc lascia la poltrona di Palazzo Chigi, che ha ininterrottamente occupato dai tempi di De Gasperi. E per la prima volta il capo dello Stato, Pertini, dà l'incarico a un laico, Giovanni Spadolini.

Dai lavori della commissione viene fuori che la P2 era un'organizzazione oscura che controllava tutti i ranghi dello Stato, che forse era collegata alla Cia, che probabilmente stava anche dietro l'assassinio di Moro. E questo è quel che si dice ufficialmente.

Ora però riporto ciò che mi confidò un capo brigatista quando andai a incontrarlo in carcere. Non stava bene, mi salutò, ma con un certo vigore mi sventolò sotto il naso un articolo in cui si sosteneva che le Br erano manovrate da Licio Gelli e dalla Cia. Disse: «Quando la smetteranno di dire queste sciocchezze? Noi comunisti rivoluzionari, che volevamo innescare la rivoluzione, agli ordini di Gelli? Qui sono tutti matti!».

La P2 non è stata un'invenzione di Gelli. La P2, che vuol dire Propaganda 2 (perché le logge massoniche hanno un nome proprio e un numero), è quella del Gran Maestro, nata con la presa di Porta Pia. Fu creata per trasferirvi tutte le autorità politiche e militari che venivano a Roma. Il primo Venerabile della loggia P2 fu quello che poi divenne il Guardasigilli di Giolitti, il bresciano Zanardelli. Brescia è sempre stata divisa in due parti, una cattolica e l'altra strettamente anticlericale.

L'una e l'altra si sono azzuffate di recente anche quando un'amministrazione comunale cattolica ha deciso di rimuovere il monumento di Zanardelli.

Molti giovani ignorano che la massoneria è stata la religione civile del Risorgimento e che non si potevano occupare certe alte cariche politiche e militari, per esempio il comando generale dell'Arma dei Carabinieri, se non si era massoni. Perché essere massoni significava non essere papisti e clericali.

Io ho cercato di comprendere cosa fosse in realtà la P2, ma non è stata una cosa facile, anche perché i documenti della commissione presieduta da Tina Anselmi non è che dicano moltissimo. E poi perché nel mistero, se possiamo chiamarlo così, c'è un altro mistero: perché la commissione Anselmi, contro le aspettative di tutti, terminò di colpo, all'improvviso, i suoi lavori?

Chi c'era nella loggia P2? C'erano il generale Carlo Alberto Dalla Chiesa e suo fratello Romolo; il segretario generale del ministero degli Esteri, il barone Francesco Malfatti di Montetretto, democristiano moroteo; il capo di Stato Maggiore della Marina, i tre capi dei Servizi Segreti, sessanta ufficiali in servizio permanente dell'Arma dei Carabinieri, un gruppetto di ammiragli della Marina, il direttore generale della Banca Nazionale del Lavoro. Mi pongo una domanda: è possibile che Carlo Alberto Dalla Chiesa, il fratello Romolo, il barone Malfatti e tutti gli altri obbedissero a quello che veniva chiamato «il materassaio»?

Tutto può essere, nel mondo può accadere qualsiasi cosa. E noi non conosciamo gli altri iscritti alla loggia, perché quando i due sostituti della Procura della Repubblica di Milano, che avevano predisposto la perquisizione della villa di Gelli mentre indagavano sul rapimento di Michele Sindona, andarono a Palazzo Chigi e consegnarono a Forlani le carte sequestrate alla figlia di Gelli, a quel fascicolo mancava una pagina, e quella pagina conteneva perlomeno sessanta nomi. Chi stracciò la pagina? Forse i magistrati? O fu Gelli?

Allora, può essere che l'usciere di Palazzo Chigi, o il bidello di una scuola elementare, dia ordine al presidente della Repubblica, al presidente del Consiglio, al presidente della Camera e al presidente del Senato. Non dico che sia impossibile, ma si ammetterà che è almeno poco probabile. Del resto siamo sicuri che il portiere dell'Istituto salesiano dove ha studiato il presidente Berlusconi non sia stato il vero capo di Forza Italia? E chi ci dice che la guardarobiera di 10 Downing Street non sia quella che comanda la politica estera britannica?

L'errore di Forlani fu quello di non seguire il parere datogli dall'allora comandante generale dell'Arma dei Carabinieri, Cappuzzo, da lui consultato quando gli fu portata la lista della P2. Grossomodo, il generale Cappuzzo gli disse: «Aspetti quindici giorni, non decida subito. Perché, se i sostituti procuratori di Milano non iniziano l'azione penale, vuol dire che appartenere alla P2 non è reato. Se invece si rivolgeranno a lei per una fatto politico, cosa che non è di loro competenza, o per un fatto disciplinare, allora lei prenderà il fascicolo e lo manderà ai vari Ministeri per vedere se intendono esercitare l'azione disciplinare. A quel punto, lei chiamerà i magistrati e potrà dire: "signori, se è materia penale non è di mia competenza, anzi, io non dovrei esserne al corrente; se, viceversa, è materia politica, è evidente che non tocca a voi decidere. In ogni caso, prendetevi gli elenchi e tornatevene a casa"».

Il fatto è, però, che tra le liste della P2 c'era anche il capo di Gabinetto del presidente del Consiglio dei ministri, consigliere di Stato. E ciò dovette indurre Forlani a non apparire imbarazzato.

Anch'io, quando ero ministro dell'Interno, lessi sull'«Espresso» un trafiletto sulla P2 e su Licio Gelli e chiamai un generale dei Carabinieri, il capo di quella che oggi si chiamerebbe la sezione antieversione, antiterrorismo. Era cattolico e certamente non massone. «Generale, ma chi è questo Gelli?» dissi, e chiesi anche se si potevano fare indagini.

E lui: «Signor ministro, non glielo consiglio» mi rispose. Poi continuò: «Perché se facessimo indagini su un'associazione privata massonica noi potremmo sempre giustificarci dicendo che le ha ordinate lei. Ma lei, che è notoriamente cattolico?».

A che cosa serviva la P2? Carlo Alberto Dalla Chiesa fornì versioni diverse sulla sua appartenenza alla loggia. Alla commissione P2 disse anche che si era iscritto per infiltrarsi, ma sinceramente si infiltra il maresciallo, si infiltra il tenente, si infiltra il capitano, non si infiltra il capo di un reparto speciale costituito con decreto del presidente del Consiglio di concerto con il ministro dell'Interno e il ministro della Difesa. Sarebbe come se il capo di Stato Maggiore alla Difesa facesse la spia a favore dell'Italia. Chi gli crederebbe? Non raccoglierebbe neanche una notizia, giusto?

La mia ipotesi è questa. Io mi sono letto tutti i nomi della lista P2, tutti. Alcuni non li conosco, altri li conosco, però erano quasi tutti filo americani e anticomunisti. Quasi tutti fermi, anzi, fermissimi filo americani e anticomunisti. La chiave del giallo, secondo me, è proprio qui.

Per capire, è però inevitabile che io apra un'altra delle mie parentesi. Durante il secondo conflitto mondiale, nel governo svizzero c'era una corrente filo germanica. E il comandante in capo dell'Esercito svizzero tentennava di fronte all'eventualità di una resistenza a oltranza. Ufficiali e sottufficiali di diverso orientamento formarono allora una società segreta, si chiamava "Lega di Nidvaldo" (conosciuta anche come Gotthardverein), in ricordo della ferma lotta dei nidvaldesi contro lo straniero Napoleone. Giurarono, formalmente predisponendosi al tradimento, che se il governo federale, il loro governo, avesse concesso il passaggio ai tedeschi attraverso la Svizzera, loro si sarebbero opposti. Poi, avendo gli alleati vinto la guerra, il governo elvetico e il procuratore generale della confederazione si guardarono bene dal procedere contro di loro. Anche se si erano mobilitati segretamente per opporsi agli ordini del governo legittimo.

Perché dico questo? Perché quando ho letto la lista della P2 ho subito pensato che quella era la nostra Lega di Nidvaldo: non contro i nazifascisti, ma contro i comunisti. Lo dissi anche in un'intervista al «Corriere della Sera», ma Gelli volle smentirmi, non so perché.

Ragioniamo facendo ipotesi. Il Partito comunista direttamente o indirettamente si avvicina sempre di più all'area di governo, prima con le astensioni, talvolta con i voti di favore. Già nel Governo Andreotti ci fu l'astensione e per la prima volta nella storia i comunisti votarono la mozione di approvazione delle dichiarazioni di Forlani in politica estera e la mozione a favore delle dichiarazioni del ministro dell'Interno, che poi ero io, sulla gestione dell'ordine pubblico. Non era mai accaduto. Votare a favore delle dichiarazioni del ministro della Difesa significava votare contro l'Unione Sovietica. Ora, gli americani sono stati sempre diffidenti, per non dire ostili, nei confronti di un avvicinamento dei comunisti all'area di governo. Lo sono stati fino a quando non hanno cambiato opinione, perché così potevano mettere una spina nel fianco dell'Unione Sovietica. Allora, mettiamo che l'amministrazione americana cercasse di creare la Gotthardverein in Italia. Che fa? Cerca di mettere insieme un'organizzazione in cui ci sono i vertici della diplomazia, delle Forze Armate, della Polizia e così via. E prende a modello quello che è il modello comune degli Stati Uniti e cioè il modello della loggia massonica. Sono quarantaquattro, con Obama, i presidenti degli Stati Uniti. Non so se Obama lo sia, ma di questi, finora soltanto tre non erano massoni. Ripeto: solo tre, e non so di Obama. Gli unici non massoni sono McKinley, Nixon e Kennedy: due morti ammazzati e l'altro, Nixon, cacciato via e per poco non mandato in galera.

Quindi, ecco come ragiono io: dovendo creare un'associazione segreta, gli americani prendono il modello della loggia e scelgono una loggia abbandonata, che era appunto la P2. Ed ecco perché, ma questa, ripeto, è solo una mia supposizione, un materassaio si ritrova a capo di grandi diplomatici, finanzieri, militari e poliziotti. Chiaro?

Mettiamola così: se io, presidente degli Stati Uniti, dovessi formare una loggia massonica iperamericana, che cosa farei? Manderei un ambasciatore? Mi servirei dell'americano che ho sottomano in Italia? Dell'ammiraglio più alto in grado del Mediterraneo? E dove farei la prima riunione: nella mia villa di residenza, mettiamo vicino a Napoli, o all'Hotel Excelsior, dove abita un tal Licio Gelli, con il nome di Ingegner Luciani?

Il caso P2 fu «gestito», nei suoi effetti immediati e in quelli che si determinarono a cascata, da almeno tre soggetti.

Il primo è il Partito comunista che, essendo un partito di opposizione e volendo colpire l'alleanza tra Dc e Psi, usò questo argomento come testa di ariete. Inoltre, nella lista P2 non si trovò un solo iscritto al Pci, o forse solo uno.

Il secondo fu la Democrazia cristiana di Tina Anselmi, staffetta partigiana durante la guerra di Resistenza, cattolica di strettissima osservanza, che, avendo tra le mani la P2, voleva colpire l'intera massoneria. Non dimentichiamoci, come ho già detto, che nella seconda metà dell'Ottocento e nei primi anni del Novecento la massoneria era il nemico della Chiesa. Massoneria e Unità d'Italia, massoneria e spogliazione del Papa erano la stessa cosa. Solo nell'ultimo codice di diritto canonico, pur condannandosi la massoneria, si è tolta la scomunica.

Il terzo fu la massoneria vera che scopriva di avere nella P2 un concorrente temibile.

Sui comunisti, c'è però ancora da aggiungere qualcosa. Abbiamo appena detto che con la P2 il Pci ha poco a che fare. Anche se poi, però, si è scoperto che quel partito, dopo aver rinunciato ai denari di Mosca, si era rivolto a Gelli per avere dal Banco Ambrosiano un prestito di cinque miliardi. Servivano a tenere in piedi un quotidiano come «Paese Sera». Scoppiato lo scandalo P2, il Pci si affrettò a restituire il prestito, senza interessi.

Prestito o donazione? Ecco il punto. Può essere benissimo che io chieda un prestito e poi muoia; che la banca lo trasferisca a partita inesigibile; che i miei eredi non vengano chiamati a saldarlo; e che il prestito diventi insoluto. A quel punto lo si potrebbe chiamare anche donazione, ma tecnicamente è un prestito insoluto.

Quando la cosa si capì, un portavoce disse che il Pci aveva ottenuto un prestito dal Banco Ambrosiano. Si dà il caso, però, e mi chiedo se era un particolare secondario, che il direttore generale del Banco Ambrosiano, Calvi, fosse della P2.

Parlo del Pci con rispetto, perché, tra l'altro, è stato il partito che mi ha voluto ministro dell'Interno. Un partito temuto. Nessuno osa ricordare, ad esempio, che il partito della fermezza, nel caso Moro, aveva la sua sede in via delle Botteghe Oscure. E mai la famiglia dello statista ucciso, che ha indicato Paolo VI, Zaccagnini, Andreotti e me come responsabili di quell'assassinio, ha fatto il minimo riferimento al Partito comunista. Mai.

Ma torniamo a Gelli. La mia tesi è dunque che fosse il segretario organizzativo, l'esattore per l'appartenenza alla P2. Tuttavia la realtà è spesso complessa, di non immediata lettura.

Il fratello di Gelli morì nella guerra civile spagnola essendosi arruolato con le truppe di Franco. E un po' fascista lo era anche Licio. O almeno lo era stato come alcuni importanti esponenti della Democrazia cristiana e del Partito comunista. Una bella collezione di fascisti, iscritti ai gruppi universitari fascisti, i due partiti di massa non potevano non averli.

Eppure, non posso dimenticare una bellissima frase detta una volta da Giancarlo Pajetta; una frase che testimonia la concezione ecclesiale che si aveva del Partito comunista. A chi, come me, gli ricordava che un certo personaggio, una bravissima persona, era stato fascista, Pajetta rispose: «Chi è membro della direzione del Partito comunista non può essere stato fascista». In altre parole, l'iscrizione del Partito comunista è il battesimo, cancella il peccato originale.

Conobbi un intellettuale di primo piano, lo sceneggiatore Ugo Pirro, due volte nominato per il premio Oscar, e una volta, guarda caso, per il film *Indagine su un cittadino al di sopra di ogni sospetto*. Me lo presentarono come Ugo Mattone, il suo nome d'arte, ma poi mi disse quello vero. Scoprii che era stato paracadutista della «Nembo» in Sardegna; che dopo l'8 settembre era passato con i tedeschi; che successivamente era diventato un collaborazionista della Repubblica sociale; e che dopo ancora, forse per aver assistito ai massacri nazisti e per esserne rimasto moralmente sconvolto, era passato prima alla resistenza armata e poi al Partito comunista.

A proposito di peccati originali. Ormai è chiaro, è stato accertato, che la sezione «disinformatia» della «residentura» del Kgb a Roma ha sfasciato il nostro servizio di informazione. Una volta, col caso De Lorenzo, avvelenando le fonti giornalistiche, cioè Eugenio Scalfari e Lino Iannuzzi, attraverso documenti fatti arrivare per decima mano. Una seconda volta, quando fu ucciso Aldo Moro. Allora fu tentata un'altra «disinformatia»: si fece arrivare, sempre per decima mano e magari attraverso un prete, perché le spie del Kgb erano perfino in Vaticano, al buon Benigno Zaccagnini un foglietto dal quale si evinceva che probabilmente dietro la morte di Aldo Moro c'era la Cia. Ora facciamo un'ipotesi: siccome anche col caso P2 sono stati sfasciati i servizi segreti, non dovremmo essere un po' più attenti nelle analisi? E invece no, la realtà rimane quella consacrata. Così l'ottantanovenne capo della P2 appare un minuto in tv e fa gridare al pericolo per la democrazia; la mafia, la camorra e tutto il resto allarmano assai meno.

Ma la realtà, dicevamo, spesso è assai complessa. Chi era dunque Gelli? Un po' fascista, lo era. Ma non solo. Forse ha fatto anche il doppio gioco. Perché lo dico? Perché, guarda caso, Gelli ha una decina di attestati di benemerenza rilasciati dai Cln locali. Nonostante fosse accusato di avere intelligenza con la Repubblica sociale. Chi gli diede l'ultimo attestato di benemerenza fu il Comitato di Liberazione Nazionale della Regione Toscana, che non era certo presieduto da un SS tedesco. Fantasie? Certo. Le carte del Comitato di liberazione della Toscana saranno state falsificate da Gelli: perché non crederlo?

La verità è dunque una e una sola, quella accertata da Tina Anselmi. In Italia, il vero governatore, quello che aveva a sua disposizione sessanta ufficiali dei Carabinieri, quaranta ufficiali della marina e tutti i vertici dei Servizi Segreti era il direttore della Permaflex di Arezzo.

E chissà che dietro le elezioni di Obama non ci sia ancora oggi il suo zampino.

11

Gladio

Quella di «Gladio», l'organizzazione paramilitare che il governo italiano ha tenuto segreta per oltre cinquant'anni, è una storia allo stesso modo semplice e complicata.

Intanto, parlo di Gladio, ma più correttamente dovrei dire «Stay Behind», perché il vero nome era appunto questo: Stay Behind, stare al di qua delle linee, mentre l'organizzazione europea di cui faceva parte si chiamava Stay Behind Net.

Io, che pure me ne sono occupato dal punto di vista istituzionale, non sapevo ci fosse questo secondo nome che veniva dal gladio romano, dalla spada a doppio taglio in uso nell'esercito ma anche tra i gladiatori. Il gladio era il simbolo dell'organizzazione italiana, quello internazionale era invece la civetta e io ne conservo uno originale. E perché la civetta? Perché agisce di notte.

L'idea di costruire questa rete segreta al di là delle linee nemiche, cioè una rete che avrebbe dovuto attivarsi nel caso in cui le forze del Patto di Varsavia avessero invaso l'Europa continentale, venne a ex ufficiali del Soe, Special Operations Executive, una struttura che Churchill aveva messo a disposizione non già del Ministero della Difesa britannico, bensì del Ministero della Guerra Economica, retto da un laburista. In realtà, gli uomini del Soe non avevano compiti di intelligence, non erano agenti segreti nel senso corrente del termine, dovevano più semplicemente supportare, al fine di farla sviluppare quanto più possibile, la resistenza ai tedeschi o ai governi che con i tedeschi si erano alleati, a cominciare dalla Norvegia, dove si era insediato il governo Quisling; dalla Francia, dove c'era il governo di Vichy; e dall'Italia, dove si era costituita la Repubblica sociale. Nei piani di Churchill, l'organizzazione avrebbe dovuto fornire preparazione e mezzi ai partigiani, e in Italia così fu, tanto è vero che dalle nostre parti sono stati molto più attivi quelli della Special Operations Executive che non quelli della parallela organizzazione militare americana che si chiamava Oss, Off for Strategic Service.

Il piano diventa operativo quando la Jugoslavia del maresciallo Tito si stacca dal Cominform e si schiera con i non allineati. Josip Broz detto Tito, croato con nonna friulana, non volle mai aiuti da parte dei sovietici; accettò sempre e largamente, invece, quelli degli inglesi. E furono infatti questi ultimi a sostenere moralmente, politicamente e militarmente lo «strappo» da Mosca, che avvenne non tanto grazie a un movimento di resistenza inteso nel senso tradizionale del termine, quanto piuttosto in virtù di una guerra armata convenzionale che l'esercito partigiano titino combatté contro i tedeschi, gli italiani e gli ungheresi.

Dopo la fine del conflitto, queste due organizzazioni, sia l'Oss che il Soe, furono, come si dice in linguaggio tecnico, *disbanded*, sciolte. Ma quando nacquero l'Alleanza Atlantica e la Nato, alcuni esponenti del Soe, che intanto erano diventati deputati e lord, dissero: «Ma perché non provvedere subito a quel che prima o poi saremo comunque chiamati a fare?». Come ho detto più volte, infatti, a quel tempo veniva considerato probabile un terzo conflitto mondiale e, data la potenza dell'armata sovietica e degli Stati del cosiddetto socialismo reale, era facile prevedere che un'iniziativa militare voluta da Mosca sarebbe stata rapida e violenta. Avrebbe portato all'occupazione di gran parte se non di tutta l'Europa continentale, escluse, al limite, le grandi isole: la Corsica, la Sardegna e forse la Sicilia. L'idea inglese di Stay Behind fu dunque subito accolta dagli americani e si decise anche, per mantenerne la segretezza, di tenerla fuori dalle organizzazioni militari tradizionali, vale a dire fuori dai comandi Nato. L'organizzazione nacque come un accordo tra i Servizi di Informazione, tant'è vero che la Francia, quando uscì dalla Nato, pur rimanendo nell'Alleanza Atlantica, continuò a far parte della Stay Behind Net.

Una regola era che in queste organizzazioni, contrariamente a quello che molti credono, non potessero esserci né fascisti né neofascisti, né nazisti né neonazisti. E questo proprio perché a tessere la rete era lo Stato inglese. Inoltre, non potevano esserci persone di primo piano, cioè dirigenti politici, leader sindacali e amministratori pubblici, perché si riteneva che i sovietici avrebbero puntato in primo luogo a «enucleare», cioè a far fuori, anche se non necessariamente in senso estremo, proprio loro.

Nell'organizzazione dovevano dunque esserci persone di profilo basso: impiegati, professionisti non famosi, insegnanti. Gente comune, insomma. E tanto meglio se questa gente aveva fatto l'ufficiale o il sottoufficiale di complemento. Per ovvie ragioni non potevano poi esserci comunisti, visto che i nemici sarebbero stati proprio i comunisti dell'Est. I primi «gladiatori» furono così i partigiani socialisti, azionisti, democristiani e repubblicani. C'erano però, e questa era una assoluta novità, anche le donne.

Gli accordi per creare Stay Behind in Italia furono conclusi da Moro e Taviani, ma l'organizzazione politico-militare di questi reparti fu affidata, come mi è già capitato di accennare, a Enrico Mattei, che aveva una grande esperienza perché era stato il vicecomandante del Corpo Volontario della Libertà ed era stato quindi il capo cattolico della guerra partigiana. Con Mattei c'erano anche il suo «vice» Cefis e tanti altri che poi si ritrovarono nell'Eni, che quando nacque era quasi interamente diretta da ex partigiani democristiani.

Oltre che in Italia, sezioni di Stay Behind furono rapidamente costituite nella Germania Occidentale, in Francia, in Belgio, in Olanda, nel Lussemburgo, in Norvegia, in Danimarca e nel Regno

Unito. Non in Spagna perché la Spagna era franchista e non faceva parte dell'Alleanza Atlantica. Esistevano organizzazioni consimili molto forti, invece, sia in Svizzera che in Austria e in Svezia. Nella forma, questi ultimi Paesi, non potevano far parte della rete, perché agivano da Stati neutrali, ma nella sostanza mantenevano eccome i contatti. I piani di difesa dell'Austria, ad esempio, erano in tutto e per tutto coordinati con i piani della Nato, come del resto alla fine furono coordinati perfino quelli della Repubblica Popolare Federativa di Jugoslavia, sia quando c'era Tito, sia dopo la sua morte. Tito e tutti gli altri leader neutrali sapevano bene che l'Unione Sovietica non avrebbe mai rispettato la loro scelta, specialmente se a spingerla in quel senso fossero state inderogabili esigenze di ordine strategico-militare.

Queste organizzazioni erano nazionali, erano guidate da un Comando che si chiamava Comitato delle Operazioni Clandestine e si dividevano tra operativo e politico, entrambi totalmente separati dai comandi Nato.

Tra i membri permanenti, tra quelli in divisa, diciamo così, che erano inquadrati nel servizio di informazione, c'erano anche i volontari, i quali avevano un loro campo di addestramento (famoso quello di Capomarraggio). I compiti principali erano l'esfiltrazione, l'infiltrazione e il sabotaggio. L'esfiltrazione consisteva nel portare via dal Paese, per non farli cadere in mano nemica, personaggi militari e politici importanti. L'infiltrazione, invece, nell'aiutare la penetrazione nel nostro territorio e la ramificazione dell'intelligence amica, che poi avrebbe provveduto a operare per proprio conto. Infine il sabotaggio era previsto solo se richiesto ufficialmente dai comandi Nato.

Non era prevista alcuna azione autonoma.

Perché io so queste cose? Perché nel 1966, quando divenni sottosegretario, io volevo andare o alla Giustizia o agli Esteri, mentre Aldo Moro, che era presidente del Consiglio, decise di mandarmi alla Difesa. Ministro, nel breve periodo in cui socialisti e socialdemocratici si unificarono, era Roberto Tremelloni, un vecchio ufficiale della Prima guerra mondiale, sottotenente degli Alpini, medaglia d'argento.

Quando mi dissero che io ero delegato a sovrintendere, politicamente e amministrativamente, ma non operativamente, a Gladio, mi organizzarono anche un briefing per informarmi. A spiegarmi tutto fu il colonnello Viola. Mi disse della segretezza assoluta, mi fece l'elenco delle sole persone, il cui nome dovevo ricordare a memoria, con cui potevo parlare dell'organizzazione, e poi mi spedì a vedere una base di addestramento. Era ad Alghero, a due passi da casa mia, ma io non me ne resi conto, perché fecero di tutto per confondermi le idee. Vennero a prendermi a Sassari e andammo all'aeroporto. Da qui partimmo per Roma, dove mi misero su un aereo dei Servizi con i vetri oscurati, e volammo per un po'. Atterrammo quasi fuori pista lì dove eravamo partiti, ad Alghero, e da lì, con la *Cicogna*, un aereo molto piccolo, mi portarono alla base. Questo stesso lunghissimo giro lo feci anche per tornare a casa, cosa che altrimenti avrei potuto fare in venti minuti, non di più.

Quelli di Stay Behind facevano strane esercitazioni. Dovevano far finta, ad esempio, di essere in territorio occupato dalle forze dell'Est, e quindi dovevano evitare tutte le persone in divisa: Polizia, Carabinieri, Forze Armate, perché nella virtualità dell'operazione questi erano i nemici, gli agenti delle forze dell'Est. Ricordo che una delle ultime esercitazioni stava per finire male proprio perché ci fu una sorta di corto circuito tra realtà e virtualità. I britannici lanciarono in Sardegna, sulla catena del Gennargentu, quattro o cinque agenti segreti dello Special Air Service, i quali si accamparono fingendosi turisti. E per tali furono davvero presi da una banda di balordi locali che, senza sapere in che guaio stavano per andarsi a cacciare, pensarono bene di aggredirli e derubarli. Cosa non successe! I britannici, che erano addestrati a ben altro, li riempirono di botte, ma benché sonoramente umiliati e ancora con la faccia pesta, i bulli di paese decisero di tornare armati. Di male in peggio. Anche i britannici erano armati, sebbene di armi leggere. Inevitabile la colluttazione: alla fine partì un colpo e per poco non ci scappò il morto. Vennero tutti arrestati dai Carabinieri. Io ero ministro dell'Interno e fui immediatamente allertato dai Servizi di Informazione, che non sapevano più come sbrogliare la matassa.

Fortuna volle che il sostituto procuratore della Repubblica a Nuoro, titolare dell'inchiesta fosse un mio compagno di scuola. Lo chiamai e gli dissi: «Cerca di fargli dare la libertà provvisoria, poi ti spiegherò». Andò effettivamente in quel modo e così i britannici furono prelevati dai nostri Servizi, portati a Decimomannu dove c'è una base Nato, imbarcati su un aereo e rispediti in patria.

A questo punto, una domanda è più che legittima: ma perché, dopo aver mantenuto il segreto su Gladio per oltre cinquant'anni, Andreotti, che allora era presidente del Consiglio, la mattina del 24 ottobre 1990 va alla Camera e spiattella tutto? Già, perché? Una volta glielo chiesi anch'io. Mi ha risposto che ormai, caduto il Muro di Berlino, non vi era più alcuna ragione per non raccontare come stavano davvero le cose. Tanto più, aggiunse, che aveva concesso al pm veneziano Felice Casson, poi diventato senatore, il permesso di andare a vedere negli archivi dei Servizi Segreti: a quel punto c'era poco da sperare che non avrebbe ricostruito tutto.

Nel raccontare di Gladio, naturalmente, Andreotti ne ordinò anche lo scioglimento. Quindi furono forniti i nomi degli aderenti e da lì cominciarono a scatenarsi dubbi e illazioni, sospetti e accuse. Ogni mistero italico riconduceva a Gladio, ogni vuoto della storia veniva riempito con Gladio, ogni trama si spiegava con Gladio: il caso Moro, la P2, le stragi. Finalmente, tutto aveva un senso. Era dunque Gladio il tassello che mancava al nostro puzzle. Fantapolitica, io dico. Ma allora il clima era davvero incandescente. A sparare più forte furono i comunisti, i quali iniziarono una dura battaglia durante la quale finimmo davanti ai giudici io, l'Ammiraglio Martini, capo del Servizio, e il generale Inzerilli. Io fui assolto dal Tribunale dei ministri dopo un anno, mentre gli altri due dovettero penare tre anni, ma anche loro furono assolti completamente.

Il fatto è che il Partito comunista sapeva dell'esistenza di un'organizzazione segreta con le caratteristiche di Gladio. Lo dico perché ne fui informato da Emilio Taviani. Mi raccontò che si era incontrato con Luigi Longo, che aveva avuto come compagno nella guerra di Resistenza, e gli aveva spiegato ogni cosa, aggiungendo che i nemici ipotizzati non erano i comunisti italiani, ma «quelli dell'Est».

Perché i comunisti lanciarono comunque quella campagna e perché inserirono i fatti di Gladio tra le accuse che portarono alla richiesta di *impeachment* nei miei confronti? Credo di avere la risposta. Quello dei comunisti fu fuoco di controbatteria: era da poco crollato il Muro di Berlino e temevano che potessero arrivare da quella parte notizie di chissà che genere sul loro conto; quindi, per evitare di trovarsi in imbarazzo, cominciarono a sparare nel mucchio. E io, che ero quello che c'entrava meno, fui colpito per primo in quanto presidente della Repubblica.

La richiesta di *impeachment* fu formalizzata il 6 dicembre 1991. Poi la storia si sfaldò, ma io, che avrei potuto essere rieletto perché c'era una parte del mondo politico che lo voleva, non lo fui. Auspicavo una grande riforma istituzionale, il superamento della *conventio ad excludendum* verso i comunisti, la fine della «guerra fredda interna». Nel messaggio di fine anno toccai argomenti che a molti devono essere apparsi fuori tempo. «All'Est sono cambiate molte cose e anche in Italia siamo a un nuovo punto di partenza; anche noi abbiamo bisogno del vento di libertà» dissi. Molti, non solo nella Dc, ma anche nel Pci, non capirono. Per me furono i momenti peggiori, perché sembravano tutti ciechi. Sostenevano che il mio era un progetto ad alto rischio, quasi eversivo, ma a parte il fatto che a quel progetto avevano lavorato anche Giuliano Amato e Mino Martinazzoli, a me era già chiaro che, come del resto è accaduto, senza riforma saremmo stati travolti. Fu allora che iniziarono le mie «picconate» contro le ipocrisie di un sistema che non si lasciava riformare. Come ho poi spiegato in un'intervista a Marzio Breda sul «Corriere della sera», mi ero fatto patrocinatore di un salto nel futuro, ma ero troppo in anticipo. Taviani, nelle sue memorie, scrive che sarei stato un buon politico se avessi pensato meno al passato e al domani e più al presente. Tanto è vero che il cerchio apertosi nell'89 si è chiuso solo molto dopo, con il traghettamento dei post-comunisti al governo, quando creai un partito transitorio proprio per questo scopo, l'Udr, e proposi al mio successore al Quirinale, Scalfaro, di affidare a D'Alema l'incarico di formare il governo. Quella sera andai a cena con Berlusconi, ma dirò più avanti perché.

12

La caduta del Muro di Berlino

Per crollo del Muro di Berlino si intende sia il crollo materiale, sia lo sfaldamento del sistema degli Stati del Socialismo Reale, vale a dire il disgregarsi del Patto di Varsavia e del Comecon cui seguì, con Gorbaciov, la dissoluzione dell'Unione delle Repubbliche Socialiste Sovietiche, sostituite dalla Federazione Russa. Insomma, la caduta del Muro sta a indicare la fine dell'impero sovietico, per certi versi continuazione dell'impero russo, dell'impero degli zar.

Un crollo storico, dunque. Un fatto epocale. E tuttavia, ancora oggi, quel che più colpisce di tutta questa vicenda è che, in buona sostanza, essa avvenne quando quasi nessuno se lo aspettava. Ricordo che da presidente della Repubblica ero stato ospite di un famoso *think tank*, del centro studi di politica internazionale che un tempo era collegata alla Georgetown University, Università dei Gesuiti di Washington. Vennero a parlare personaggi come Brezinsky, McNamara e Kissinger e nessuno, ripeto nessuno, fece un pur minimo cenno all'eventualità di una crisi del sistema comunista. Un anno dopo era tutto finito.

Che tutto stesse per sgretolarsi – anche se forse vi riponevano speranze eccessive – lo sapevano invece al di là della Cortina di ferro. Quando un nunzio apostolico itinerante andò per spiegare la Ostpolitik del Vaticano all'allora arcivescovo di Cracovia, questi lo ascoltò in rispettoso silenzio, e quando andò via, rivolgendosi ai suoi collaboratori, disse: «Non hanno capito niente, credono che il comunismo duri ancora chissà quanto, mentre tra due o tre anni qui sarà cambiato tutto». L'uomo di Cracovia era Karol Wojtyla.

La Ostpolitik dei tempi di Paolo VI, ideata e condotta da quell'uomo peraltro intelligentissimo, figlio di diplomatici, che era Casaroli, era basata sulla tesi che il comunismo non si sarebbe esaurito né nel breve, né nel medio, né nel lungo periodo. «I romani» diceva Casaroli «non sono riusciti a fermare i barbari, ma hanno saputo aspettare, sono entrati in contatto con loro e poi li hanno battezzati.» I comunisti erano, dunque, i nuovi barbari, e alla fine la Chiesa, o comunque il mondo occidentale, sarebbe riuscito a battezzarli. Non è così che è andata. I «nuovi barbari» non hanno aspettato: hanno premuto sui muri veri e immaginari e li hanno abbattuti e superati.

Tutto è cominciato nell'agosto dell'89, quando il governo di Budapest ha dato il permesso a una comitiva di turisti della Germania orientale, che erano andati in Ungheria per scappare, di passare in Jugoslavia e quindi rifugiarsi in Italia.

La notte della caduta del Muro di Berlino, ero presidente della Repubblica, la mia famiglia era negli Stati Uniti. Ero in casa con un cameriere e due agenti della sicurezza che mi facevano compagnia. Guardavo la tv quando ci fu l'annuncio che qualcosa stava accadendo a Berlino. Fui preso dall'emozione. E poi dai ricordi. Crollava un muro che avevo visto costruire. Letteralmente. Nel 1961, quando cominciarono a tirarlo su per dividere la Berlino orientale da quella occidentale, io ero lì, intruppato, oggi si direbbe *embedded*, con gli amici della carovana elettorale di Eisenhower. Ho visto con i miei occhi trasportare e issare quei blocchi di cemento e sono anche stato uno dei primi ad attraversarlo, quel muro. Da qualche parte conservo ancora qualche filmino in bianco e nero, ma lo dico senza alcuna nostalgia. Anzi.

Alle prime notizie da Berlino, chiamai il Centro Situazioni del Quirinale, che allora, ma forse ancora oggi, era sistemato in un caveau. Non sapevano nulla. Chiamai il Ministero degli Esteri e il risultato fu lo stesso. Chiamai allora la sala situazioni dello Stato Maggiore della Difesa ed ebbi ancora risposte vaghe. Mi decisi, infine, a sentire direttamente il nostro Ambasciatore presso la Ddr. Si chiamava Indelicato ma era, a dispetto del nome, una cortesissima persona. «Guardi» mi disse «in effetti qualcosa sta avvenendo, ma non so ancora bene cosa. Ho mandato sul posto il mio ministro consigliere e il mio addetto militare per vedere con i loro occhi. Le farò sapere.» Mi telefonò mezz'ora dopo: «È tutto finito» disse. «Come sarebbe a dire è tutto finito?» insistetti. L'ambasciatore chiarì subito: «Un quarto d'ora fa, nel corso di una conferenza stampa, il sottosegretario alla Sicurezza ha detto che da quel momento si sarebbe potuto andare e venire dal

Muro. E ora c'è una confusione indescrivibile. Sia i berlinesi orientali, sia i berlinesi occidentali, si sono riversati sul Muro, lo stanno picconando, tra un po' lo faranno a pezzi».

Arrivarono poi le immagini della tv. Grande festa, cori e abbracci. Anche i famosi e arcigni Volkpolizisten, quelli che non perdonavano niente a nessuno, stavano a guardare sorridenti. Neanche uno sparo a scopo intimidatorio. E poi è stata la volta dell'Ungheria, della Cecoslovacchia, della Polonia. Tutto è venuto giù come il Muro. Finché è arrivata la famosa vigilia di Natale del 1991 e io, per caso, sulla Cnn vidi quando, nella piazza del Cremlino, senza nessuna cerimonia, fu ammainata la bandiera rossa con la falce e martello e una stella d'oro. L'indomani fu alzata quella russa, che poi era la bandiera dello Zar, quella a strisce orizzontali bianca, azzurra e rossa, e cambiò il mondo.

Naturalmente, la caduta del Muro di Berlino creò un terremoto anche in Occidente. La cosa strana fu che in Italia il Muro non travolse il Partito comunista, bensì la Democrazia cristiana e il Partito socialista e insieme a essi la Prima Repubblica, mentre rimasero in piedi il Partito comunista e le sue successive ramificazioni. Anzi, quest'area politica, identificatasi prima nel Pds, poi nei Democratici di sinistra e quindi nell'Ulivo, ha acquisito altri consensi. Un processo analogo è accaduto anche a destra. I due partiti eredi della sinistra e della destra, in sostanza, sono sopravvissuti al passaggio dalla Prima alla cosiddetta Seconda repubblica, mentre tutti gli altri, i liberali, i socialdemocratici, i socialisti e i democratici cristiani sono stati spazzati via.

La Dc, come ha scritto anche in un suo libro Arnaldo Forlani, si è sfaldata per due ordini di motivi. Innanzitutto, perché era nata in funzione anticomunista e atlantica; secondo, perché è venuta meno la spinta propulsiva dell'identificazione con la Chiesa.

Nel mondo cattolico, dopo la caduta del Fascismo, si sollevò un grande dibattito. Monsignor Ottaviani, che era il segretario del Santo Ufficio, e Domenico Tardini, che era, diciamo così, ministro degli Esteri, erano dell'opinione che i cattolici dovessero andare in tutti i partiti, almeno in quelli la cui dottrina fosse compatibile. A sostenere invece l'idea che si dovesse fare un partito di unità dei cattolici erano De Gasperi e Giovanni Battista Montini, sostituto della Segreteria di Stato, cioè ministro dell'Interno, il quale convinse Pio XII a procedere in tal senso.

Diversa la storia del Pci. Anche il Partito comunista ha temuto il peggio, ma il peggio non è venuto, almeno nell'immediato. Come è ovvio, il Pci era terrorizzato dall'idea di essere colpito dalla caduta del Muro di Berlino poiché veniva meno il grande mondo di riferimento costituito dall'Unione Sovietica, dal Cominform, dal Partito comunista dell'Urss e così via. Ma non solo. Temeva che chissà quali notizie potessero venire da quella parte del mondo, visto che il partito era finanziato abbondantemente da Mosca. In realtà, non accadde nulla. E ciò per almeno due ragioni. In primo luogo, perché i russi furono molto leali. Qualcosa si è saputo, certo, ma cosette, niente di rilevante. Carte vere su quelli che erano stati i rapporti tra il Pci, almeno tra i dirigenti del Pci, e l'Unione Sovietica, non sono mai state disvelate. E questo a me pare più che evidente. Ma ne riparleremo, perché su quel poco che è uscito dagli archivi la Magistratura italiana ha come chiuso un occhio.

La prima reazione dei quadri del Partito comunista fu dunque alquanto nervosa, perché era in gioco la loro stessa sopravvivenza. In questa fase quei quadri hanno attinto a piene mani alla loro panoplia, a tutte le armi tattiche e strategiche di cui avevano disponibilità, commettendo, secondo me, non pochi errori.

Si cominciò con la Bolognina, con l'annuncio, da parte di Occhetto, che tutto sarebbe cambiato: dal nome del partito al simbolo. Mi sono sempre chiesto se quell'annuncio così radicale non sia stato in realtà eccessivamente frettoloso. E ho sempre creduto che ai leader dell'ex Pci non sia convenuto abolire di colpo ogni riferimento al loro passato, mentre mi è parsa più convincente la continuità su cui hanno criticamente lavorato sia i Comunisti italiani di Diliberto, sia quelli di Rifondazione comunista, nella versione prima di Bertinotti e Giordano e poi di Ferrero. Ma queste, ribadisco, sono valutazioni personali. Conta soltanto quel che è successo.

Nel tentativo di prevenire gli attacchi, quindi, gli ex comunisti decisero di scatenarne a loro volta. E un vero e proprio caso di guerriglia politica consistette, l'ho già detto, nell'enfatizzare la questione di Stay Behind, trasferendola di peso nella zona buia dell'intrigo e caricandola dei peggiori significati possibili.

Non mancarono, ancora, atti di apparente, coraggiosa autocritica, in realtà improvvidi sotto tutti i punti di vista, come quando fu pubblicata la famosa lettera di Togliatti sugli alpini prigionieri nei campi di concentramento sovietici in Siberia. In quel documento, riemerso dagli archivi di Mosca, Togliatti non sosteneva affatto, come pure si lasciò credere in un primo momento, la tesi cinica e mostruosa secondo cui sarebbe stato meglio, ai fini del riscatto antifascista, se i sovietici avessero ucciso i nostri soldati. Ma come avrebbe potuto, il leader dei comunisti italiani, scrivere una cosa del genere? Come dimenticare la coraggiosa definizione che lo stesso Togliatti aveva dato del Fascismo, quando lo descrisse come «un grande movimento reazionario di massa»?

Togliatti non aveva mai messo in dubbio il fatto che il regime fascista aveva avuto un grande consenso, e che lo aveva raccolto più tra le masse popolari che non tra gli intellettuali, perché era stato capace di elaborare una politica populista, certo, ma anche modernizzatrice: la previdenza sociale, l'assistenza alle madri, l'assistenza ai bambini, le colonie estive per i figli degli operai e dei contadini, insomma tutto questo e tanto altro ancora.

Ma torniamo al dopo-Muro. Discutibile, infine, mi è parsa la fretta con cui l'ex Pci ha deciso di lasciare ampi spazi, troppi, all'iniziativa della Magistratura, fino ad abbandonarsi a un pericoloso giustizialismo che ha di fatto portato a sostituire la presunzione di innocenza con quella di colpevolezza. Tra l'altro, dentro la crisi del garantismo e nel trionfo del giustizialismo si può capire il successo improvviso di personaggi come l'ex pm Antonio Di Pietro, o di altri, più giovani, che come lui, sul suo esempio e da lui incoraggiati, sono scesi in politica. Di Pietro: un bravo ragazzo, che però si è montato la testa.

Il giustizialismo è appunto il terreno culturale su cui, grazie anche ai cedimenti dell'intero sistema italiano, è possibile giocare questa nuova partita tra giudici da una parte e politici dall'altra. C'è poi da considerare un fatto: il giustizialismo piace. Vedere l'avversario finire in galera gratifica moltissimo. In qualche modo, questo atteggiamento fa parte della nostra tradizione cattolica, o, per meglio dire, affonda le sue radici anche in una banalizzazione dell'etica cattolica. Se prendiamo per buono il dogma del peccato originale e se è vero che noi abbiamo una naturale tendenza a delinquere, o comunque a scegliere il male piuttosto che il bene, è evidente che quando vediamo qualcuno accusato di qualcosa non possiamo presumere che sia innocente, perché, proprio in forza del dogma del peccato originale, siamo piuttosto portati a presumerne la colpevolezza. Non era così che funzionava l'Inquisizione?

E poi c'è la cultura comunista. Fino alla fine della Seconda guerra mondiale, la sinistra è sempre stata antigiustizialista, perché la giustizia era la giustizia di classe se non addirittura la giustizia del dittatore. Se procediamo diversamente, però, e ci concentriamo sulla sinistra rivoluzionaria, allora non si può non dire che la sinistra è sempre stata giustizialista: dai tribunali del terrore a quelli sovietici; dalla ghigliottina alle torture.

Il giustizialismo in Italia ha avuto due grandi vittime: il Partito socialista e la Democrazia cristiana. Ma i processi politici veri e propri hanno colpito quasi esclusivamente la Dc. Penso a Giulio Andreotti, a Clelio Darida, ad Antonio Gava, che ne è morto, e a Calogero Mannino, amico di Giovanni Falcone. Tutti processi durati lunghi anni, tutti conclusi con l'assoluzione finale.

Sul giustizialismo come strumento di lotta politica si è molto scritto e molto riflettuto. In particolare lo hanno fatto, e voglio ricordarli, due ex comunisti.

Uno è il mio amico Giovanni Pellegrino, senatore, oggi ritiratosi a Lecce a fare il presidente dell'Amministrazione provinciale e da me già citato come esemplare presidente della Commissione Stragi, secondo cui interessi speculari terrebbero insieme giudici e politici della stessa area ideologica; i primi tesi ad accrescere, attraverso inchieste clamorose, il loro potere e i secondi ben disposti a delegarlo, questo potere, proprio per far fuori, attraverso le stesse inchieste, gli avversari politici.

L'altro è il senatore, avvocato Guido Calvi, che ha scritto un tremendo libro per prendere di mira il campione del genere in esame, vale a dire Luciano Violante: altro comunista, ex presidente della Camera, indicato come il vero ideatore del giustizialismo. E così come Antonio Di Pietro è stato, né più né meno, il «ragazzino» del Pool Mani Pulite di Milano, allo stesso modo il torinese Gian Carlo Caselli, poi procuratore capo a Palermo, è forse stato il migliore esecutore pratico delle teorie professate da Violante.

Del giustizialismo tornerò a parlare anch'io quando affronteremo il capitolo Berlusconi, ma vorrei qui limitarmi ad anticipare solo una considerazione di ordine più generale. Proprio quando la politica si è indebolita e la Magistratura è diventata essa stessa un potere politico, si sono palesati gli effetti di una diffusa tendenza sociale, che ha visto la Magistratura fortemente alimentata dai ceti della piccola borghesia italiana. Mi spiego. Che cosa pensa un ragazzo che ha faticato a studiare, il cui padre ha faticato per iscriverlo all'università, e che alla fine ha dovuto faticare ancora per vincere il concorso in Magistratura? Io non ho dubbi. «Ma come? Sono divento un Pubblico ministero per perseguire i ladri di polli? No, il mio compito è ricostruire e ridisegnare la società.» Pensa a una funzione morale. Ecco a cosa pensa quel giovane gratificato dal viaggio fatto nell'ascensore della società.

E in fondo a tutto questo, a ben vedere, ci sono sia lo spirito del comunismo che quello del cattolicesimo, entrambi consacrati nelle parole pronunciate un giorno del mio amico Leoluca Orlando. A proposito di processi siciliani, disse: «Meglio cento innocenti in galera che un mafioso colpevole libero». Eccolo qui, per chi non lo avesse ancora capito, il giustizialismo di matrice cattocomunista.

13

Tangentopoli

La stagione di Mani Pulite e il cosiddetto fenomeno di Tangentopoli credo che potranno essere studiati sotto un profilo storico, ma anche in una prospettiva sociologica, politica e giuridica, solo quando ci saremo allontanati, e di molto, dagli eventi, perché vi si mischiano molte cose.

Anzitutto, la caduta del Muro di Berlino con la necessità per l'opposizione di sinistra di sopravvivere, come si è visto, nell'unico modo possibile: non difendendosi, ma andando all'attacco.

Poi l'esaurimento, diciamo anche morale, delle forze di governo che avevano diretto in maggioranza il Paese dal 1946 al '47 e che non avevano avvertito l'esigenza di rinnovarsi, di ricollocarsi in un ambiente mondiale dove non c'era più il nemico con la «n» maiuscola.

Infine, il fenomeno molto comune in Italia, ma non solo in Italia, della progressiva trasformazione dell'ordine giudiziario in potere, cioè da soggetto passivo tenuto esclusivamente ad applicare la legge a quello di soggetto attivo capace di determinare nuovi corsi politici.

Il fenomeno di Mani Pulite va dunque inquadrato, da un lato, nell'ambito dello sfaldamento del sistema politico mondiale e italiano, dall'altro, nel progressivo costituirsi di una sorta di «governo dei giudici», vale a dire di una *combine*, ai danni dei partiti di governo, tra giudici di sinistra e giudici di destra, come possono essere, faccio per dire, Francesco Saverio Borrelli, di famiglia monarchica, e il nostalgico Piercamillo Davigo.

Da qui una stagione che, agli inizi degli anni Novanta, ha messo in luce non clamorosi casi di ruberie personali, ma di sicuro molti e consistenti episodi di finanziamenti illeciti dei partiti democratici.

Questi partiti, che pure erano informati su come, via Mosca, e dunque in modo ugualmente illecito, arrivavano i soldi al Pci, non ebbero il coraggio di controbattere alle accuse, e contribuirono in tal modo a fare apparire gli ex comunisti come estranei al dilagare della nuova questione morale.

In realtà, il Partito comunista intascava tangenti come tutti, e alla grande. Solo che le prendeva sul commercio Ovest-Est. Senza contare l'«oro di Mosca», i soldi che arrivavano direttamente dall'Urss per sostenere la complessa e pletorica struttura organizzativa del Pci.

Ma procediamo con ordine. Da noi si è fatto di tutta l'erba un fascio, ma il fenomeno della corruzione bisogna distinguerlo in due aspetti. C'è la corruzione dell'uomo politico che profittando della sua posizione si arricchisce personalmente. E c'è il finanziamento ai partiti o anche ai singoli ma in funzione politica.

Tutti gli Stati hanno dovuto affrontare questo problema. Ci sono delle legislazioni riuscite e altre meno riuscite. In molti Paesi si è partiti dal principio che ognuno dà i soldi a chi vuole, al partito o al candidato che preferisce.

In Italia, dopo il famoso scandalo dei petroli, scoppiato nell'autunno del 1980, abbiamo una legislazione sui partiti molto precisa. Oggi un uomo politico può intascare cinquantamila euro senza la necessità di fare, come altrimenti è previsto per altre oblazioni, nessuna dichiarazione a firma congiunta del donante e del donatario. Se invece intasca cinquantunmila euro senza averlo dichiarato, è passibile, a seconda dei casi, di sanzioni politiche o amministrative. Se si tiene entro il livello dei cinquantamila euro e li riceve da un milione di persone va tutto bene. Se invece li riceve dall'estero la dichiarazione deve essere sottoscritta soltanto da chi versa, e il politico non ha l'obbligo di dire chi gli ha fatto la donazione, basta che ci sia una reversale bancaria che indichi che questi soldi sono arrivati dall'estero.

Questa la legge, ma a un certo punto i magistrati, sia quelli di destra che quelli di sinistra, hanno ritenuto che fosse giunto il momento di dare un duro colpo alle forze di governo. Quel colpo che le opposizioni non erano riuscite a dare in cinquant'anni.

Per far questo, la Magistratura ha di fatto ignorato ciò che avveniva a sinistra, perché è vero, come ho già detto, che dagli archivi di Mosca nulla di concreto è emerso, ma è vero anche che quel poco che è emerso è stato subito riarchiviato.

Quando si è aperto il cassetto col famoso dossier Mitrokhin, ad esempio, tutti hanno fatto a gara, e dico tutti perché ce n'era davvero per chiunque, a dire che quegli archivi del Kgb erano falsi o non significavano nulla. Poco conta, tuttavia, che Germania, Regno Unito, Francia, Spagna e Stati Uniti li abbiano invece considerati autentici, e abbiano provveduto di conseguenza. Ecco, secondo me, uno dei casi in cui c'è stata una perversa alleanza tra una parte dell'opposizione e la Magistratura. Ed è qui che, avvertito lo scricchiolio della struttura politica, la Magistratura ha tentato di realizzare il suo sogno: saltare dal ruolo di ordine costituzionale a quello di potere. Intelligentemente ha compreso che non si poteva mettere contro tutto lo schieramento politico e fa dunque una precisa scelta di campo: sceglie di incastrare i partiti che fino ad allora avevano governato ed esclude gli altri. Clamoroso il caso Greganti, l'operaio Fiat condannato per aver intascato una tangente Enel e che, in ossequio alla disciplina comunista, non ha mai accusato a sua volta altri compagni di partito. I giudici non andarono mai a «sfroculiare» i probabili complici. Fu oppure no una scelta politica? «Io non mi posso mettere contro tutta la classe politica perché questi si mettono d'accordo e mi soffocano, una parte io la escludo.» Ecco, secondo me, come ragionava allora un pm. Esagero? Un magistrato un giorno ammise di aver seguito una certa valigia contenente cinque miliardi di lire che passò il portone di via delle Botteghe Oscure, allora sede centrale del Partito comunista italiano, e lì si fermò l'indagine. Quando gli fu chiesto perché non si fosse fatto dare un mandato per entrare nella sede del Pci, il magistrato rispose che la cosa era molto delicata perché, essendo gli abitanti del palazzo in gran parte deputati e senatori, bisognava avere l'autorizzazione del Parlamento. Autorizzazione che peraltro non chiese.

Il fenomeno di Tangentopoli, qualunque sia il suo contenuto giudiziario, è stato un clamoroso evento politico, e se questo fenomeno sia stato agevolato da forze politiche interne o estere, come hanno sempre sospettato due politici di razza come Bettino Craxi e Giulio Andreotti, lo si potrà vedere solo negli archivi delle grandi potenze. Comunque, Tangentopoli è stata una grande rivoluzione che ha cancellato partiti, provocato suicidi e distrutto centinaia e centinaia di vite.

Ma come sempre nel nostro Paese, tutto è accaduto in modo approssimativo. Approssimative le condanne. Approssimativi i reati. Approssimative le leggi. E io mi sono chiesto se per caso questo non sia dovuto al fatto che noi siamo un popolo variegato. Insieme al mio amico Pasquale Chessa, più abile di me nell'usare la penna, ho scritto un libro: *Italiani sono sempre gli altri*. Con quel titolo intendevo dire che in Italia una coscienza nazionale comune non esiste. Esiste in Francia, come esiste in Germania, in Inghilterra, in Scozia, o perfino negli Stati Uniti. Il termine nazione si usa ormai assai poco nei Paesi europei, mentre tutti i discorsi da Bush al nuovo Obama sono tutti *of nations*. E la nazione è una nazione morale, perché formata di bianchi, di gialli, di rossi, di svedesi, di olandesi, di arabi. Da qui, io credo, la difficoltà di capire anche fatti come quelli di Mani Pulite. Certo, c'è stato il desiderio da parte di settori politici e di una Magistratura che voleva contare di più, di disfarsi di un'intera classe dirigente, ma nessuno avrebbe detto che dopo aver vinto, tra virgolette, la battaglia contro il comunismo e contro il comunismo internazionale, la Democrazia cristiana, nel giro di due anni, sarebbero scomparsi. E che sarebbe scomparso il Partito socialista, il Partito liberale, il Partito repubblicano. Che sarebbero stati cancellati centotrenta anni di storia. Ciò che è accaduto veramente lo capiremo solo quando nessuno degli storici, degli osservatori o degli analisti sarà anche testimone. Quando sui fatti non prevarranno le opinioni.

14

Berlusconi

C'è chi pensa che anche Berlusconi sia un mistero italiano. La mia impressione è che costoro vogliano credere alle balle. Una balla, ad esempio, è la storia dell'origine incerta del suo patrimonio. Ci si chiede come un padre impiegato di banca abbia potuto lasciargli una eredità tale da consentirgli, già in giovane età, massicci investimenti nel settore dell'edilizia. E, ritenendo improbabile una genesi senza peccato, ci si lascia spesso andare alle peggiori allusioni: ai rapporti con la mafia, ai proventi di chissà quali loschi affari, al riciclaggio di danaro sporco. Io non ho mai creduto a nulla del genere. Certo, anche Berlusconi avrà manovrato con le società estere, avrà trasferito soldi nei cosiddetti paradisi fiscali, ma chi, possedendo ingenti capitali, non lo ha fatto? So di amici che hanno portato la propria ricchezza in Svizzera o in Lussemburgo per sentirsi più sicuri. Perché, dicevano, in Italia non si sa mai come può andare a finire, e perché così si garantisce meglio il futuro dei figli. Hanno fatto male? Hanno violato la legge? Certo, ma non è questo il punto. Ciò che conta è che lo hanno fatto. E anche quando, con lo scudo fiscale, c'è stata la possibilità di proteggere il ritorno in patria di quei capitali, molti non si sono fidati. O meglio: lo hanno fatto solo in parte, per non farsi saltare addosso dalla Guardia di Finanza, che forte di una presunzione di reato non li avrebbe più mollati.

La stessa polemica sull'eredità di Giovanni Agnelli, del resto, da dove nasce se non dal sospetto che possano esserci ricchezze non dichiarate, nascoste chissà dove grazie a operazioni estero su estero sfuggite a ogni controllo? E non è vero che dopo le accuse rivolte da Margherita Agnelli de Pahlen alla madre e agli esecutori testamentari si è mosso anche il Fisco? E parliamo di un patrimonio di circa 2 miliardi di euro, perché già negli anni Novanta una valutazione di *Forbes* attribuiva ad Agnelli una ricchezza personale, tra immobili, quadri, azioni e conti bancari, di 1,7 miliardi di dollari. Con questo non voglio dire che bisogna considerare fisiologica l'evasione fiscale o l'accumulazione di ricchezze in modo non del tutto trasparente. Intendo dire, però, che anche un cancro è patologico e ciò nonostante non lo si può ritenere un corpo alieno. Ecco, mi spiego meglio: non credo che considerare il cancro come qualcosa di alieno, di estraneo o di misterioso possa aiutare la comprensione del fenomeno e facilitare la ricerca di una cura appropriata.

Anche per le tangenti vale lo stesso discorso. Guardiamo alla Germania: l'amministratore delegato della Siemens non si è dovuto dimettere perché aveva corrotto mezzo mondo? Nulla di fisiologico, per carità. Ma scandalizzarsi non è di per sé una soluzione. In questo senso, Berlusconi non è e non può essere considerato un mistero della politica italiana. Nella sua vita, secondo me, non c'è nessun mistero. Nessuno a parte la sua genialità. Eh sì, perché su questo non ho dubbi. Berlusconi sarà oggetto di analisi socio-politiche e su di lui si scriverà a lungo. Si dirà tutto e il contrario di tutto. Ma sarà difficile non ammettere che è riuscito a fare ciò che molti altri non sono stati capaci neanche di immaginare.

Intanto, è stato un leader costitutivo, e nella nostra storia non ce ne sono stati tanti. Di solito si tende a distinguere tra leader idealisti e leader opportunisti, e in questo caso conosco non so quanti opinionisti che non hanno alcun dubbio nel collocare Berlusconi tra i secondi. Ma io preferisco distinguere tra leader costitutivi e leader funzionali. Tra coloro che creano, che inventano ciò che prima di loro non c'era, e tra quelli che invece proseguono nella scia senza infamia e senza lode, che si limitano a gestire ciò che ricevono in eredità. Berlusconi non solo ha costituito un partito nuovo, ma ha cambiato la politica stessa, se non il carattere nazionale. La politica gli ha dato molto, gli ha permesso di consolidare il suo potere economico e di difendere da posizioni di forza i suoi interessi, ma è vero anche il contrario. Anche la politica è in debito con lui. Il Berlusconi delle origini ha rispolverato le idee del liberalismo economico, ha rimesso in campo la logica maggioritaria, ha, con la defascistizzazione del Msi, definitivamente cancellato ogni *conventio ad escludendum*, ha evitato la deriva secessionista della Lega, e nel fare tutto questo ha contribuito a introdurre nel nostro sistema – e ad avvalorarlo nei fatti – il principio fondamentale dell'alternanza di governo. Nel bene e nel male, Berlusconi ha sbloccato l'Italia. Nel suo partito è riuscito a portarsi dietro liberali e radicali, cattolici e socialisti, ex sessantottini e socialdemocratici. Un'inedita e articolata alleanza di ceti, che sembravano destinati a soccombere di fronte al riorganizzarsi delle forze ex comuniste sopravvissute a Tangentopoli, con Berlusconi è addirittura riuscita a vincere le elezioni del 1994 e ad andare al governo. Insieme ai senatori a vita Leone e Agnelli anch'io votai a favore di quel governo a cui mancava il quorum necessario per la fiducia, ma ciò non mi fa velo, perché fu un voto necessario, sollecitato dal Quirinale, dall'allora presidente Scalfaro, per evitare un immediato ritorno alle urne e una conseguente e più netta vittoria del Polo delle libertà.

Una volta nelle istituzioni, poi, Berlusconi è riuscito ad andare ben oltre i confini dati. Anche qui muovendosi con il piglio del leader costitutivo, del leader che crea e non si adatta all'esistente. Pur non avendo gli stessi poteri del cancelliere tedesco o del presidente francese, ha dato l'impressione di fare come loro. L'ho già detto: in Italia il primo ministro non può neanche nominare i ministri, né tantomeno può rimandali a casa; può solo proporli per l'incarico al capo dello Stato. Se invece vuole liberarsene, deve addirittura dimettersi egli stesso. La stessa divisione dei poteri vigente nel nostro sistema ricalca l'impianto dello Statuto Albertino, ma non tiene conto di una differenza di fondo: che in quel caso c'era il re, cioè un'autorità superiore, e ciò per un verso complicava, ma per l'altro semplificava le cose.

Ciò nonostante, dicevo, Berlusconi è riuscito a rinnovare la prassi politica. Basti pensare a come ha costruito la sua figura di leader di una intera coalizione, al modo in cui ha reso il suo ruolo unico e insostituibile. Si rifletta: se si dimettesse da presidente del Consiglio dei ministri, potrebbe oggi il capo dello Stato non conferirgli un nuovo incarico? È vero, Berlusconi ha riversato nella politica la sua logica aziendalistica: ha pensato a se stesso come a un amministratore delegato, al Consiglio dei ministri come a un consiglio di amministrazione e al Parlamento come a un'assemblea dei soci. Ma così facendo è riuscito anche a iniettare abbondanti dosi di efficienza nel nostro apparato di governo. Penso a come ha gestito l'emergenza post-terremoto in Abruzzo o, anche, a come ci ha tirato fuori dalla vergogna dei rifiuti in Campania. A proposito. Ero presidente della Repubblica e andai a Napoli per una visita ufficiale. Complice una bella giornata di sole, Gerardo Chiaromonte, indimenticabile gentiluomo comunista a cui ero molto affezionato, mi invitò a fare una breve passeggiata tra i vicoli del centro storico. Fu un bagno di folla, naturalmente, e strinsi non so quante mani. Ma una donna mi colpì tra tutte, una di quelle donne generose d'aspetto e franca di cerimonie. Mi chiamò a gran voce: «Preside', preside'». E poi urlò: «'A munnezza, non vi scordate a' munnezza». La munnezza. Già allora, e non era ancora venuto il peggio.

Eppure fui proprio io, un giorno, a definire Berlusconi un leader «di plastica». Alludevo, però, alla sua leggerezza, che era altra cosa rispetto alla gravità dei leader storici; e alludevo alle televisioni, ai sondaggi, a quel suo modo di trasformare l'immagine in sostanza. Massimo D'Alema mi corresse: «Di plastica un corno». «Francesco, questo qui» mi disse «non solo ha messo insieme tutti i vecchi partiti della Prima Repubblica, non solo ha governato, ma è riuscito a restare leader per cinque anni anche dai banchi dell'opposizione.» E, in effetti, la prova più difficile per un leader è proprio riuscire a tenere insieme il partito anche quando non si governa più, quando si è lontani dalle soddisfazioni e dalle lusinghe del potere.

Tuttavia la sua grande occasione, almeno secondo me, Berlusconi l'ha persa proprio al tempo del governo D'Alema. Lo dico come parte in causa, perché a offrirgliela, quella occasione, fui proprio io. Lo feci consapevolmente, ma lui non seppe o non volle coglierla. Come è noto, io ebbi un ruolo determinante nel portare D'Alema a Palazzo Chigi. Lo conoscevo bene, e conoscevo bene anche il padre, apprezzato dirigente del Pci e parlamentare di grande esperienza, uomo simpatico e solare (l'esatto opposto, verrebbe da dire, del figlio). Eravamo nel pieno della guerra nel Kosovo e io, in un incontro riservato a casa del senatore Valentino Martelli, avevo incontrato una qualificata e preoccupata delegazione diplomatica.

C'erano l'ambasciatore britannico John Weston, il suo collega americano all'Onu Bill Richardson e il ministro consigliere e vicecapomissione dell'ambasciata degli Stati Uniti a Roma James Cunningham. Mi chiesero dell'Italia, di come si sarebbe comportata sul fronte di guerra. La questione era assai delicata, perché si sarebbe reso necessario bombardare le postazioni serbe di Slobodan Milosevic e gli italiani difficilmente potevano tirarsi indietro. Chi, se non un comunista, avrebbe potuto portare il Paese in guerra tacitando la prevedibile opposizione dei pacifisti e delle organizzazioni sindacali? Chi, seppure con difficoltà, avrebbe potuto vincere le resistenze più che prevedibili di un'opinione pubblica profondamente contraria all'uso delle armi? Pensai: solo D'Alema può farlo, è lui l'uomo politico che la storia chiedeva all'Italia in quel momento così difficile. Per raggiungere l'obiettivo fondai addirittura un partito, l'Udr, con Clemente Mastella. E il 21 ottobre del 1998 nacque il governo D'Alema. Ricordo ancora il commento di Giuliano Ferrara. Sul «Foglio», con perfida ironia, scrisse che fui io, da ex presidente, e non Scalfaro, da presidente in carica, a conferire l'incarico.

Quella stessa sera, e qui racconto ciò che in un capitolo precedente ho solo accennato, incontrai Berlusconi a cena, a casa di Pippo Marra, dell'Adnkronos. Lo avevo conosciuto molti anni prima, nel 1974, a casa di Roberto Gervaso, che me lo presentò come «un imprenditore dal sicuro avvenire politico», e ora volevo in qualche modo consegnarlo alla storia, o almeno questa era la mia presunzione. A cena da Marra gli spiegai, dunque, quali erano le mie intenzioni a proposito di D'Alema, e lo invitai ad astenersi dal suo governo. Sarebbe stato un gesto di grande responsabilità, che avrebbe unito il Paese , rafforzandolo alla vigilia di una prova così ardua, avrebbe creato le premesse per una stabile e probabilmente irreversibile legittimazione reciproca degli schieramenti politici. Berlusconi non mi ascoltò e l'Italia, anche in epoca post-ideologica, è rimasta per molti versi un Paese diviso, lacerato dai pregiudizi politici e dalle logiche di appartenenza.

Col tempo, poi, le cose si sono ulteriormente complicate. E incalzato da Walter Veltroni e da un centrosinistra che sembrava animato dal sacro furore bipartitista, Berlusconi ha dovuto in gran fretta rimettere mano alla sua coalizione. Con Fini e Alleanza nazionale ha rifondato il partito, il Pdl, e la vittoria alle elezioni politiche del 2008 gli ha dato la sensazione di aver risolto il problema. In realtà, si è ritrovato con una forte opposizione interna, quella di An appunto, e una non del tutto valutata frantumazione delle forze in campo.

In questo senso, io credo che il berlusconismo non esista più. Non esiste come nuova idea politica, come soluzione a metà tra il liberismo e il populismo, tra il riformismo e il conservatorismo; come aspirazione dei ceti imprenditoriali a liberarsi dai lacci e lacciuoli dello Stato e come strumento per appagare quel bisogno di sicurezza espresso dagli strati sociali più deboli e marginali. Esisterà Berlusconi, il leader fondatore, ma non più il berlusconismo. Dopo di lui ci sarà un'altra cosa. E, del resto, non prevedo né un'ascesa al Quirinale, che riaprirebbe l'eterna questione del conflitto di interessi; né una ricandidatura, perché uno solo lo ha fatto a settantaquattro anni, ma si chiamava Konrad Adenauer.

Il fenomeno Berlusconi lascia irrisolti, anzi più che mai intricati, una serie di problemi. Proverò a indicarne almeno un paio.

Il primo riguarda la democrazia. Il popolo, ecco il punto, ha sempre ragione? Nel ripercorrere la storia di Berlusconi, molti si inquietano.

A turbarli è il consenso che Berlusconi raccoglie, e come lo raccoglie, vale a dire attraverso il controllo quasi totale del sistema televisivo; la legittimazione che dal quel consenso gli viene, e dunque le maggioranze parlamentari che riesce a costruire; infine l'uso spregiudicato che di quella legittimazione democratica fa sia a livello legislativo, sia a livello esecutivo. Ebbene, su questo punto conviene essere molto chiari. Berlusconi non ha mai attuato un colpo di Stato. Ha sempre agito dentro la cornice del quadro democratico. Anche il conflitto con la Magistratura, la sua inarrestabile opposizione alle indagini sul proprio conto e alle oltre cinquecentosettanta ispezioni della Finanza nelle sue società, bisogna inquadrarle all'interno della dialettica democratica. Lo si accusa di essersi spesso salvato grazie alle prescrizioni e di avere così evitato l'esito dei processi. Ma chi, al posto suo, non avrebbe fatto lo stesso? Ciò che il processo accerta, del resto, non è la verità, la verità storica, ma solo la verità processuale. Null'altro che un gioco. Non a caso, un grande processualista come Salvatore Satta diceva che il processo altro non era che la rappresentazione di un dramma. E non di un dramma umano, ma di un dramma teatrale, dove appunto si mette in scena non la realtà, ma una sua rappresentazione. Nell'ambito di questa convenzione, vale il principio secondo cui è meglio una sentenza ingiusta, che comunque chiude una vicenda, piuttosto che una turbativa sociale pericolosamente aperta. Consapevole di tutto questo, Berlusconi ha preferito non rischiare. Inoltre, si è scontrato con una magistratura che, nella sua maggioranza, non si è mai rassegnata a concepire se stessa come mera «voce» della legge, secondo la nozione della giurisdizione elaborata dalla cultura anglosassone. Ha dovuto fare invece i conti con una concezione radicalmente diversa, tipica di una certa cultura italiana, «progressista e di sinistra». Una cultura secondo cui il vero giudizio non può che essere morale o storico. Una cultura, insomma, secondo cui la sentenza giusta è quella che meglio aderisce al pre-giudizio storico-politico. Esempio: Andreotti è mafioso? L'importante non è dimostrarlo con le prove; l'importante è la congruità logica tra questo pre-giudizio e la lettera della legge. «Se siamo la voce della legge, noi siamo dei meri esecutori, dunque non siamo indipendenti»: quanti aderenti alla Magistratura democratica ragionano in questo modo? Sembra di risentire Lenin quando diceva che i processi ben gestiti dovrebbero essere utili strumenti della lotta di classe.

Torno alla questione da cui siamo partiti. Ma se il popolo vota per Berlusconi e Berlusconi si comporta come meglio crede, Berlusconi ha sempre ragione? No, non è così. L'eletto dal popolo non ha sempre ragione, tanto è vero che in democrazia è previsto il diritto alla rivolta contro un potere che attenti alla libertà. Del resto, anche Hitler fu eletto dal popolo. Per rendere meno vulnerabile la democrazia, c'è chi ancora oggi propone il rimedio delle costituzioni rigide, intoccabili e irriformabili. Si riflette assai poco, però, sui danni che queste costituzioni rigide possono provocare.

Il secondo problema che Berlusconi lascia aperto è quello del rapporto tra pubblico e privato. Dopo una forte personalizzazione della politica, in sostanza, è lecito che il leader carismatico si appelli al diritto alla privacy? L'estate del 2009 passerà alla storia come quella del caso Noemi, la minorenne di Casoria, in provincia di Napoli, rivelatasi assidua frequentatrice delle feste berlusconiane. Scandalo rosa, illazioni, sospetti, confessioni a luci rosse, campagna di stampa nazionale e internazionale.

«Impantanato negli scandali sessuali, diretto verso un brutto divorzio, inseguito dagli investigatori, il primo ministro Silvio Berlusconi è *a national joke*, una barzelletta» scrive Michael Wolff sull'edizione americana di «Vanity Fair». Un'estate tutta sesso e politica, insomma, con un Berlusconi che, proclamatosi un dì Unto del Signore, ammette infine di non essere un santo.

Si accerteranno, se ci sono, colpe individuali e responsabilità collettive. Per quanto mi riguarda, ricordo solo che ai miei tempi, quando ero al Quirinale, i servizi di sicurezza mi tenevano costantemente informato su chi frequentavo. Invitato in una nota casa romana, una volta fui trattenuto dall'andarci proprio dai servizi di sicurezza. Io insistetti, e allora mi pregarono di stare molto attento e comunque di tornare al Quirinale subito dopo il caffè, perché in quella casa vigeva una particolare abitudine: dopo una certa ora, servita su vassoi d'argento, pare circolasse una certa polverina bianca a strisce. Alle 23, infatti, presi il caffè e mi congedai.

Come è possibile, mi chiedo, che nessuno abbia avvertito Berlusconi sul rischio che correva nel frequentare certa gente? Il caso è aperto. Ma un paio di dati sono indubbi.

Primo. Berlusconi, come ho detto un giorno ad Aldo Cazzullo, non è appassionato come me di tecnologia. Se lo fosse stato avrebbe saputo che può bastare un telefonino da 200 euro per filmare e registrare di tutto, come poi ha fatto quell'escort barese nella sua camera da letto. Io, tanto per capirci, ho una penna stilografica che può girare video per oltre un'ora.

Secondo. Ed è l'aspetto per me più importante. Berlusconi non ha rispettato una fondamentale regola gesuitica, quella secondo cui *nisi caste saltem caute*. Se non castamente, almeno con prudenza.

Indice dei nomi

Indice

Finito di stampare
nel mese di ottobre 2009 presso il
Nuovo Istituto Italiano d'Arti Grafiche – Bergamo

Printed in Italy